JN071191

売上1億円を最速で達成した経営者が教える
店舗経営の教科書

〔著〕横山元

SOGO HOREI PUBLISHING CO., LTD

はじめに

はじめまして、横山元と申します。

この本を手に取ってくださったあなたは、きっと集客やマーケティングを学んで「店舗の売り上げを伸ばしたい」「もっとたくさんの顧客に自分のサービスを届けたい」と思われているのでしょう。

本書は、そんな店舗経営者――特に私のような**「一人オーナー」**に向けた本です。無理な販促費や広告サイトの利用をしなくても売り上げを伸ばせる、シンプルな方法をお伝えします。

今、「売り上げを伸ばしたいけれど、経営に手一杯で集客やマーケティングのことまで考える余裕がない」とお悩みのオーナーの方に、きっと役立つはずです。

成果を出すためには「行動」しかない

最近では、ＹｏｕＴｕｂｅやＳＮＳで集客やマーケティングの情報を目にする機会も増え、店舗ビジネスの集客ノウハウは、無料でいくらでも集めることができます。

ただし、これらの情報はあくまでも表面的な情報にすぎず、実際に行動をしなければ、まさに絵に描いた餅です。

「どうしたら自分の店舗に応用できるか」
「このノウハウは本当に自分のビジネスモデルに有用なのか」
といったことは、実際に行動してみなければ何もわからないのです。

しかし、多くの方は失敗を恐れるあまり、ノウハウを手に入れただけで「いいことを聞いた」と満足してしまいます。実際に行動に移すことができる人は、少ないように感じるのです。

数年前の私も、まさにそんな状態でした。「とにかく技術を磨き、学ぶしかない」とやみくもに情報ばかりを追っていた結果、何一つ成果につなげることができず、頭でっかちの状態になっていました。

そんな私が変わるきっかけとなったのは、今の師匠でもあるコンサルティングの先生の教えを受けたことです。そこでふと、**「大事なのはノウハウの内容ではなく、ここで学んだことをやるかやらないか。それが全てなのだ」**と気がついたのでした。

そうしてインプットに傾きがちだった行動の質を変えて、とにかく売り上げにつながりそうなことは、考えるよりも前にやってみるようにしました。すると、経営していたクリニックは驚くほどの成長を遂げ、私自身も自由な時間を増やしながら、収入を引き上げることができたのです。

成功のためのシンプルな法則

とてもシンプルですが、店舗の売り上げも、結局は「やるかやらないか」が全てを決めます。

とはいえ、小資金で事業をスタートさせる一人オーナーの方にとって、「ここでやった施策がうまくいかなかったらどうしよう」というのが大きな恐怖感につながるのはわかります。

そこで本書では、私自身の経験に基づき、あなたが行動をする上でガイドとなるような、**店舗ビジネスで成果を出すための原理原則とテクニック**を紹介します。

私がお金と時間を使いながら試した全ての施策の中から、実際に成果につながったものも、失敗に終わったものも全てそのままお見せするので、本書を参考にして行動をしていけば、致命傷や連敗は避けることができるはずです。

歯科医院は、今ではコンビニエンスストアよりも店舗数が多いといわれています。

そんな競争率の高い業界で開業し、今もなお生き残れている私の歯科医院の売り上げは、2021年に1億5000万円を超え、2022年には2億円に届きました。果てしなく遠く思えた1億円は、今やそこまで力を入れなくても手が届くようになったのです。

きちんとポイントさえ押さえれば、そんなに時間はかからず、半年〜1年以内には必ず結果を出すことができます。

本書には、そんなノウハウ、特に**今すぐ売り上げにつなげられるヒント**がたくさん詰まっています。とりわけ、最初から100点を目指すのではなく、「とにかく70点でいいから走りだそう」という考え方ができる店舗オーナーにとって、役立つものになっていると自負しています。

中には、

「歯科医院のノウハウが自分の店舗に使えるとは思えない」

「私の業種は特殊だから、参考にならないだろう」

と思われる方もいるかもしれません。

ですが、私が見る限り、「売り上げが上がる理由」も、「店舗経営がうまくいかず、閉店に追い込まれる理由」も、規模や業種を問わずほぼ共通です。

言い換えれば、**本書でお話しする店舗経営のメソッドは、どの規模・業種でも再現性高く使えるもの**ばかりなのです。

先を見通すことが困難な現代で、本書が、起業を考えている人、そして起業したはいいけれど経営がうまくいっておらず悩んでいる全ての人の一助になれば、これに勝る喜びはありません。

ぜひ本書を片手に行動をして、ビジネスの拡大につなげていただければ幸いです。

では早速、「店舗ビジネス成功の法則」を見ていきましょう。

目次

第2章

石橋を叩いて叩いて叩きまくる！
開業前の準備

第3章

いよいよ開業！
休みを増やして売り上げを上げるためのポイント

第4章

油断は禁物！業績が軌道に乗ってからのフォローアップ

第5章

利益が2年で倍増！売り上げ1億円達成のためのポイント

編集協力／和泉涼子
装丁／木村勉
本文デザイン・DTP・図表／横内俊彦
校正／池田研一

序章

“コンビニよりも多い”業界で生き残った歯科医院

「コンビニよりも多い」歯科医院に見る経営の難しさ

第一章に入る前に、歯科医師である私が「店舗経営」に関する書籍を出すことのメリットをお伝えします。

競争が激化している歯科医院の現状をまず知っていただくことで、そんな業界で生き残り、かつ「2年で売り上げ1億円達成」「勤務時間を32時間も短縮」させた経営戦略の説得力を増していきたい。そうして、少しでも読者の皆さんに、安心して本書を読んでいただければという狙いのもと、歯科医院競争激化の背景などを詳しく説明します。

歯科医院競争激化の背景

今や、**「歯科医院はコンビニより多い」**といわれているのをご存じでしょうか。

その背景には、さまざまな理由があります。

人口が増えてきた昭和40年代や50年代には、食生活の変化などによって子どもの虫歯が日本中に蔓延《まんえん》し、「虫歯の洪水」といわれていたほど虫歯患者が溢れていました。4階で開業している歯科医院の治療を待つために、患者が1階まで並んでいたこともあったそうです。

歯科医院も歯科医師の数も足りていなかったため、当時歯科医院に求められていたのは、クオリティではなくスピードでした。こうしておざなりになっていた治療を鑑みて、国の施策で歯科医師の養成に力を入れた結果、多くの歯科医院が誕生したというわけです。

歯科医師はと言うと、国家試験において、当時と現在で受験生の数は変わらないと思います。

ただし、私が受験したときの合格率は9割以上。マークシート方式のテストで6割以上正解していれば合格できました。それに対して、最近の合格率は6割程度にとどまっており、「地雷問題」と呼ばれる問題を一つでも間違えてしまうと、不合格になるという噂もあります。試験に合格するのはだいぶ難しくなっているようです。

図1　12歳児の虫歯経験歯数推移

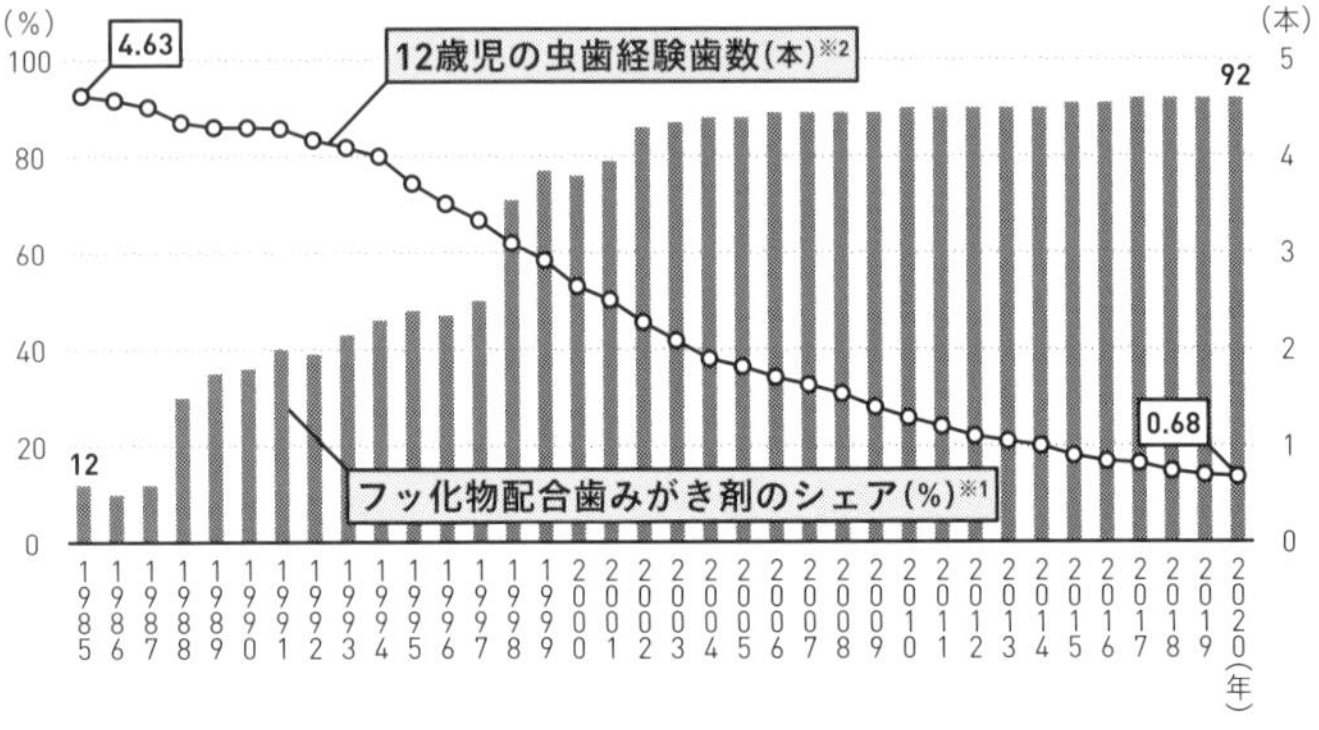

出典：※1　1985〜1994年：公益財団法人ライオン歯科衛生研究所調べ
1995〜2020年：ライオン(株)調べ
フッ化物配合歯みがき剤については、ライオン(株)定義による
※2　文部科学省「学校保健統計調査」

地雷問題については都市伝説的なものかもしれませんが、歯科医師の国家試験はひと昔前に比べて合格しにくくなっていることは事実です。このことからも、以前は意図的に歯科医師を増やそうとしていた意図が見えます。

昭和40年頃とは打って変わって、近年では、口腔衛生教育が浸透してきたこともあり、全体の虫歯の数は減少しています。そのため、患者の取り合いのような現象が起きているのです。

現に、歯に関するリテラシーが上がってきており、12歳児の虫歯経験歯数は、1985年の4・63本から2020年時点で0・

68本に減少しています（図1）。12歳以下の子どもに虫歯ができる本数の平均は1本を切っており、今では**虫歯がある子どもの方が減ってきている**のです。

虫歯が減るのはとてもいいことですが、人口減少・少子化なども相まって、**歯科医院の競争激化**につながっています。

患者数が着実に減少をたどる一方で、厚生労働省が2021年6月に公表した『医療施設動態調査（令和3年3月末概数）』によると、歯科医院の施設数は6万8051カ所と、10年前の2008年1月末の6万7840カ所から211カ所増えています。特に、患者数を多く見込める、人口の多い首都圏や利便性の高い駅前などに歯科医院の開業が相次いでおり、患者の争奪戦が激しくなっています。それに加えて、テナント代や設備投資、詰め物金属などの歯材コストも上昇しています。保険診療だけで経営を維持させることは、年々難しくなってきているのです。

こうした環境を反映して、2018年には最多の23件、それでなくとも2002年以降から毎年10件前後、歯科医院が倒産しています。

2021年の企業倒産数は6030件でした（東京商工リサーチ2021年『全国企業

図2　医療機関の倒産件数推移（2000〜2021年）

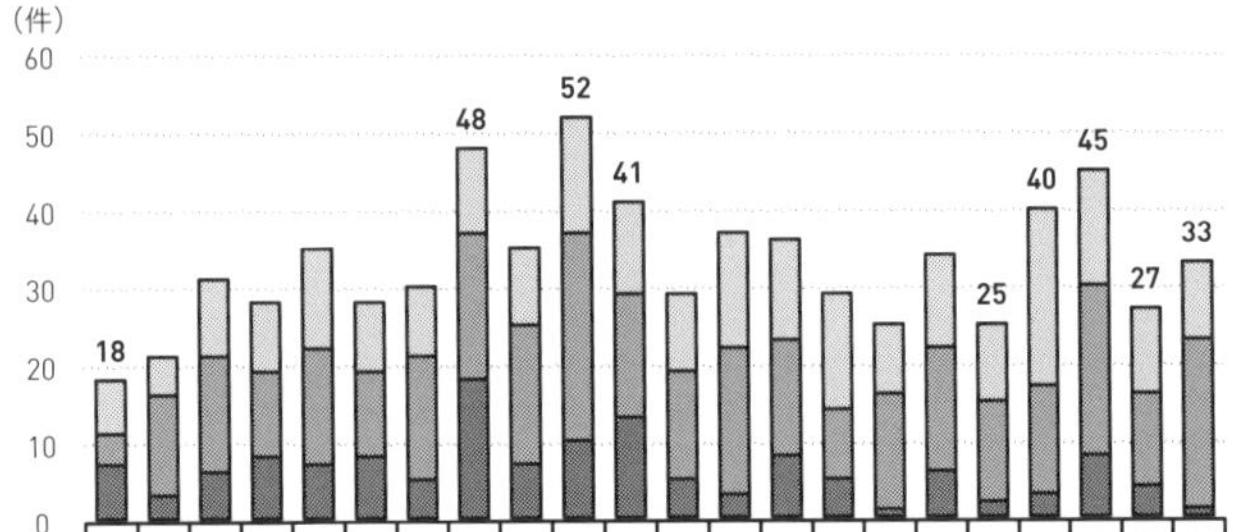

	00	01	02	03	04	05	06	07	08	09	10	11	12	13	14	15	16	17	18	19	20	21（年）
歯科医院	**7**	**5**	**10**	**9**	**13**	**9**	**9**	**11**	**10**	**15**	**12**	**10**	**15**	**13**	**15**	**9**	**12**	**10**	**23**	**15**	**11**	**10**
診療所	4	13	15	11	15	11	16	19	18	27	16	17	19	15	9	15	16	13	14	22	12	22
病院	7	3	6	8	7	8	5	18	7	10	13	5	3	8	5	1	6	2	3	8	4	1

出典：TEIKOKU DATABANK, LTD

倒産状況』）。同年、歯科医院の倒産数は10件です（図2）。今後も歯科医院の倒産は増加をたどる可能性が高く、生き残りをかけて独自色を出した集客競争が繰り広げられているのです。

実際には、どれほど〝歯科医院はコンビニよりも多い〟のでしょうか。

2021年の歯科医院施設数は6万8051カ所とお話ししました。そして同年のコンビニ店舗数は、約5万7000軒です。1万以上も歯科医院が上回っているとは……と驚いた方も多いのではないでしょうか。比較的栄えている地域では、自分が立っている場所から見渡してみると2、3軒

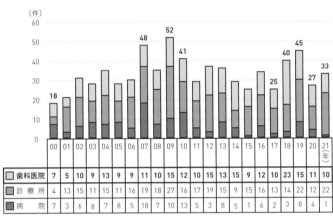

コンビニが視界に入るということもあるでしょう。そう考えてみると、「コンビニよりも多い歯科医院」の現状をイメージしやすくなったと思います。

以上のことから、歯科医院の競争率の高さや経営の厳しさは、十分わかっていただけたでしょう。

それでは、なぜ私の経営する歯科医院はこれだけ競争率の高い業界で生き残り、かつ売り上げを伸ばせたのか、早速解説していきます。

続く第1章では、「精神的・経済的にゆとりある開業を目指すための三か条」をお伝えします。

開業時というのは、新しいことを始める大変さや忙しさ、期待感などさまざまな感情が入り乱れ、やることも多く、不安を感じやすいです。そのため、精神的・経済的にゆとりのある開業を目指すことが、何よりも大切なのです。

第1章

精神的・経済的にゆとりある開業を目指すための三か条

一、自社の数字を把握するべし

私はもともと一般の歯科医院を開業していたのですが、地域で一番の歯科クリニックにするためには、もっとはっきりとした戦略が必要だと考え、2019年にクリニック名を「よこやまこども歯科」に変更しました。つまり、小児治療に特化したクリニックへと生まれ変わったのです。

そして、それを機に、クリニックの経営を数字面からしっかりと考えるようになりました。お恥ずかしい話、今まで気にもしていなかった**経営に関する重要な数字（詳細なデータ）を取り、現状を知ることから始めてみる**ことにしたのです。

うまくいっている医院の数字を講習会で教えてもらっていたので、実際に自分の医院の数字と比較してみると、かなりひどいものでした。数字を見る前までは、感覚的に悪くないと思っていたのですが、そんな自分の感覚などというのは、これほど当てにならないものかと実感させられました。

「数字を取るなんて面倒くさい」「ただでさえ忙しいのにそんな時間は取れない」という方もいると思います。しかし、変わりたいと思うのであれば、絶対にこの作業は必要です。

例えば、「顧客のリピート率はどれくらいですか」と聞いたとき、多くの人が適当に「大体8割か9割ぐらいです」と答えます。しかしそうした数字は、先の私と同じように、あくまで自分の〝感覚〟から導き出した適当な数字にすぎません。実際に数字を取ってみると、そこまで高くはないはずです。

データは嘘をつきません。これから経営を改善するために取る施策の結果を確認するためにも、今からでもいいので、必ず数字は取るようにしてください。

私が経営する医院について、実際に数字を取ってみると、うまくいっている医院と数字が乖離《かいり》しているところがたくさんありました。例えば、

【理想値】

- 新規患者の数：50人
- キャンセル率：10％以下
- メンテナンス来院率：90％以上
- メンテナンスアポイント確定率：90％以上

【当院の実際値】

- 新規患者の数：10人程度
- キャンセル率：10％
- メンテナンス来院率：72％
- メンテナンスアポイント確定率：45％

こうして比較してみると、自分の店舗に不足している点が一目瞭然となります。

穴の開いたバケツで水をためても効率が悪いので、この数字を参考に優先順位をつけて、一つひとつ改善していくことから始めました。

実際にはまず、一番数字が乖離している「メンテナンスアポイント確定率」の改善から取り組みました。その後「メンテナンス来院率」、「キャンセル率」、「新規患者の数」の順番で取り組みました（キャンセル率よりも数字が乖離している新規患者数を最後にしたのには、理由があります。第３章の「リピート率」で解説しているので、確認してみてください）。

そうすることで、勤務時間が減少したにもかかわらず、売り上げはグンと上がっていったのです。具体的には、

- 勤務時間は月間32時間減少
- 医院の売り上げは２年間で１億円を突破し、２倍以上に
- 医療法人、ＭＳ法人を設立へ

など、これまで問題視されていたことが大幅に解消されました。私にできたのですから、皆さんにもできるはずです。

詳細は改めて、第３章で説明します。

一、人材は多めに確保しておくべし

開業当初はただでさえバタバタします。そのため、急にスタッフが一人、何かしらの事情で来られなくなったときに、運営ができないという事態は避けたいものです。

金銭面や業務量も考えて、雇う人数を必要人数ぴったりにとどめておくというのは、当たり前だと思われているでしょう。余分に人を雇って、1~2人が業務もなく浮いている状態は、無駄だと考えてしまうのは当然です。

しかし、**余剰人員の確保は、精神的にも経済的にもゆとりある開業を目指すためには必要**なことです。

スタッフの中には子育て中の人もいるでしょう。すると、いつ家庭の都合で休むことになるかわかりません。さらに昨今の状況では、新型コロナウイルスなどで急に1週間ほど出勤できないというスタッフも出てくると思います。そこまで考える必要はないかもしれませんが、せっかく来てくれた顧客の人数制限をしなければならないとか、ただでさえ手一杯のところに、仕事を割り振って「早く終わらせて手が空いた人がやろう」などと調整することの方がよほど無駄であり、もったいないことです。

スタッフにとっても、肉体的にも精神的にもゆとりができるので、**長く働いてもらえる**環境を提供できます。

「人員に余裕がある状態」のよい点はもう一つあります。それは、新しく人を入れたときのための**教育係を確保できる**という点です。どこも同じだと思いますが、接客中などに新人にいろいろと教えるのは不可能です。歯科医院でも、診療をしながら教えるというのはまず無理なので、どうしても、教育の面が手落ちになってしまいます。

「見て覚えてね」という、職人の世界のようなことをやってしまうと、ほとんどのスタッフが辞めてしまいます。

しっかりとした新人教育ができない状態は、会社にとって確実なマイナスになります。

経済面でも従業員のプラスワンは効果的

ただ一般的に、開業を目指すとき、つまり経済的にも厳しい中、人数を余らせて採用することは考えにくいかもしれません。

しかし、少し考えてみてください。**「オープニングスタッフ」**というのは、人間関係が出来上がっていないこともあり、人を雇用しやすい特徴があります。

人材の採用については、遅かれ早かれ、いずれ悩むことになるので、あらかじめ多めに人員を確保しておき、万が一、**誰か一人が辞めてしまったとしても、営業が成り立つような状態にしておく**のです。その方が、経済面で一時的にマイナスになったとしても、精神的なゆとりを生むことができ、スタートダッシュをかけやすいでしょう。

経営に欠かせない税理士は一般的に、私たち経営者に「人件費は売り上げの20〜25％以内にしてください」とアドバイスします。しかし、それはあくまで「目安」です。自分が精神的に楽になるような余裕を持てるよう、多少はその枠を出てしまっても構わないと思っています。

税理士というのは、たくさんの企業の決算書を見ている、いわば「税務のプロ」です。しかし、税理士が見てきた企業のセオリー通りにやることが、自社の経営ビジネスに合うものだとは限りません。そうした点から見ても、「人件費は25％程度に抑えなくてはならない」というのは、気にしてもあまり意味はないでしょう。

また、優秀なスタッフを雇うことで、経済面でもゆとりを出すことができます。

例えば私の代わりに優秀な勤務医の歯科医師を雇うと仮定しましょう。するともちろん、私が関わらないところで売り上げが上がっていくという循環が生まれます。

そして、それなりの給料を支払うとすれば、年収１０００万円ほどになり、月に80～90万円程度の人件費がかかります。その分、私の給料が80～90万円減ってしまうことになりますが、これまで治療に費やしていた時間を別のこと、治療から離れてセミナーを開催したり、コンサルティングをしたりと、好きなことに使えるようになります。それが、別の視点からの売り上げにつながっていくのです。

外注ということであれば、ホームページ作成はＷＥＢデザイナー、確定申告は税理士、助成金の申請をするときなどは社会保険労務士、経営のことは経営コンサルタントに任せるというのもよいでしょう。また、セミナー集客用のチラシ作成なども外注できます。

本来の業務以外にも、やらなければならないことはたくさんあります。自分や自社のスタッフがやらなくてもいい部分を外注することによって、時間的な余裕が生まれます。繰り返しになりますが、そこでまた自分のやりたいことや、もっと売り上げが上がるようなことに取り組めるため、そこでさらに余裕が生まれるという好循環が生じるのです。

ゆとりある開業を目指すための三か条

一、プロの意見を戦略的に活用するべし

起業すれば、自分が理想とする事業ができ、顧客にそのコンテンツなどを提供できるようになります。皆さんそういった点に魅力を感じて起業するのだと思いますが、現実はよいことばかりではありません。

自分の「理想の事業」があったとしても、その考えが独りよがりになることで、健全な店舗運営ができなくなってしまう可能性もあるのです。

そうなった場合に、自分一人で方向性を修正するのは困難です。

実際に私は、大学病院に勤務していた頃と比べると、開業1年目は全然稼ぐことができませんでした。いろいろと事業のこだわりなどもあったため、無理がでてきてしまったのでしょう。

私がもっていたこだわりの例を挙げると、

- 床面積は100㎡以上
- ユニットは最低3台
- ソファやテーブルは高級感のあるもの

など、クリニックの見栄えに人一倍こだわっていました。

そしてその一方で、

- 開業資金はできれば3000万円以下
- 月の利益は300万円以上

と、利益面での理想も高く持っていたのです。

しかし、こうした数字が現実的であるかどうかを、きちんと検討しないままに自分の理想だけを追いかけると、理想と現実がどんどん乖離し、疲弊していってしまいます。

実際に、開業初年度は経費が膨らむ一方で、目標とする売り上げ額を達成できない月が続き、早々に心が折れそうになっていました。

そんな私の考え方が大きく変わるきっかけとなったのが、既に歯科医として活躍していた経営コンサルタントの先生との出会いだったのです。

当時、先生に開業時の数字を見せたところ、「開業初年度でこの運転資金は多すぎる。まずは削れるところを一緒に探っていこう」と、一か条目のように、数字を精査することになりました。

実際に開業する前の数字が、次の内容です。

- 借入金　５０００万円
- 運転資金　１０００万円
- 店舗の広さ　１４４㎡
- 家賃　42万円

●人件費　80万円
●初月売り上げ見込み　250万円

さて、あなたならこの数字のうち、最初にどこをてこ入れしていきますか？

この質問をすると、多くの店舗オーナーが「開業したての時期にこの運転資金や家賃は高すぎる。もう少し小さなテナントを借りて、家賃を抑えるべき」と答えます。しかし、実は、最初に手を入れるべきはそこではありません。

なぜなら、家賃を月200万円払ったとしても、月2000万円稼ぐことができるのであれば、売り上げに占める家賃の割合は10％となり、問題なく支払えるからです。

そして、多くの場合、クリニックの広さと売り上げは正比例します。

それならば、最初に手を入れるべきは、歯材や器具などの売り上げに直結しない**原材料費**、そして、機器や備品などの**設備投資**です。つまり、借入金を抑えるべきなのです。

決して自分一人では、この考えにたどり着けなかったでしょう。

経営コンサルタントに依頼をすると、このように適切なコスト配分を一緒にシミュレーションすることができます。

例えば、借入金○○万円、運転資金○○万円、店舗の広さが○○㎡であれば、月に○○万円ぐらいの売り上げを見込むことができ、そこから割り出すと家賃は○○万円ぐらい、人件費は○○万円……など、**売り上げと支出のバランスを最初に確認することができる**のです。

ただし、漠然とした悩みのままコンサルタントに依頼をしても意味がありません。経営に関するどんなことに悩んでいるのか、何がわからないのか、何が足りないと思っているから何を聞こうとしているのかなど、参加する前・聞く前に、ある程度自社の業績などを踏まえて明確にしておきましょう。

戦略的にコンサルタントに依頼する際、最初から全てを相談する心積もりでいる必要はありません。最初に**自分で考えて実行した上で、計算通りにいかないところや、どうしても打開できない部分を相談する**のが最適です。

開業当初から自分で考える癖をつけておくことで、より戦略的にコンサルタントを活用できるのです。

他業種で活用されている手法を取り入れてみる

私が成功できた理由の一つに、「先駆者の手法を取り入れた」ということがあります。使っている業者を含め、私の営業スタイルやホームページの構成は全て、成功している先輩にやり方を教えてもらい、その通りに作ったものです。

「守破離《しゅはり》」という考え方が日本にはあります。まずは**先駆者の真似をしてみて自分のものとした上で、自分らしくアレンジを加えていく**ということの考え方は、成功の鉄則だと言えるでしょう。

成功者の真似をする、手法を取り入れるというのは、何事においても成功するためには絶対に必要なことです。

デザインやアイデアなどはそのまま使ってはいけないものですが、そのほとんどは、実は0から作り上げたものではなく、既存のもの、つまり1をアレンジしています。

このように、「他業種や先駆者の手法を取り入れる」ことをベースにビジネスを改善していくのは、基本中の基本です。できない人は自己流でやるため、失敗してしまうことが多いのです。

成功している人の手法を柔軟に自分の事業へ取り入れることができれば、そこには成功しかありません。皆さんも、臆せず挑戦してみてください。

第2章

石橋を叩いて叩いて叩きまくる!

開業前の準備

開業前準備での
失敗経験から見る成功ルール

第2〜4章の冒頭では、私の失敗経験から試行錯誤した結果、見つけ出した「成功ルール」を紹介します。本章で紹介するのは、開業前の準備における成功ルールです。

余裕のある状態で起業する

背水の陣を敷いて起業するのは、おすすめできません。起業してもいいし、**このまま会社員として働き続けてもいいという状態**でいてください。そして、いい物件を見つけたらいつでも飛びつけるように、**起業の準備を整えておく**という形が、一番不安なくできると思います。

自分が到達していたいレベルの環境に身を置く

私は歯科医師としての職業経験しかないので、非常に狭い世界を生きてきた自覚があります。どんな職業の方でも、広い視野を持って物事を見ることができる方は少ないのではないでしょうか。

特に開業前は、狭い世界から飛び立とうとしている直前なので、今まで自分がやってきたことが正しいかどうかの判断は難しいと思います。

人間というのは、周囲5人の平均年収が自分の年収になるといわれています。しかも、年収だけではなく、考え方、話し方、働き方なども似たような人が集まってきます。まさに「類は友を呼ぶ」です。そのため、例えばあなたが2億円稼ぎたいと思っているのであれば、2億円を稼いでいる人がたくさんいるところに身を置いてください。

言い換えれば、売り上げを作って年収を上げたいというのが自分の要望なのであれば、**自分のいるステージを上げていかないと、いつまでも変わることはできない**ということです。

まずは、皆さんの**周りにいるのはどんな人なのか？　どんな人のそばに身を置きたいのか？**　ということを考えてみるところから始めてみてはいかがでしょう。

働き方の理想像を考える

私は開業にあたり借金をしていました。そのため、借金を返すために働かなくてはならないというプレッシャーから、月〜土まで毎日診療、日曜日も月1回は診療していました。そんな働きづめの毎日を1年間続けた結果、過労で入院することになってしまったのです。

当時32歳と若かったとはいえ、これは本当に失敗だったと思います。まだ自分の子どもが小さかったのに、家族の時間はほとんど取れませんでしたし、家に帰ってご飯を食べてお風呂に入って寝るだけという生活でした。もちろんそんな毎日は、幸せとは言えません。

当時の私は借金を抱えていることに怯えすぎていて、借金の返済を中心にした働き方をしていたのです。

しかし、過労で入院したことで視点が変わりました。よく考えると、診療時間が長いことで爆発的に患者数が増え、売り上げを作ることができたかというとそうでもなく、時間帯によっては誰も来ないということもあったのです。そうして、過労で倒れてから復帰後、すぐ木曜日を休診にしました。

体のことを考えてきちんと休む時間を作ることは、「働き方改革」から当たり前のことなっているかもしれません。しかし、開業したてで焦りがちな時期には、どうしても顧客と従業員への責任感、そして借金への恐怖から、極端な考え方しかできなくなってしまう可能性は大いにあります。

そのため、**開業前にどんな働き方をしたいのか、理想像を考えておく**こと、そして**開業してからも実情を鑑みて、働き方を試行錯誤していく**ことは本当に大切です。

開業後の理想や指針、経営理念を考えておく

同様に、開業前に**「開業してどうなりたいのか」**ということを考えておくことも非常に

大切です。自分がどれぐらい稼いで、どのような形で仕事をしていきたいのかという自分の理想形を明確にしておき、指針のようなものを作っておいた方がいいでしょう。例えば、

30歳　独立開業
40歳　売り上げ1億円達成
50歳　世界を飛び回って自由な仕事をする
60歳　好きな人と好きなことをして社会貢献する

というように、ざっくりと**10年単位**などでなんとなく決めておくことで、日々成すべきことが決まってきます。

この例のように、50歳のときに世界を飛び回って自由な仕事をしていたいと考えたのであれば、50歳の時点で自分の資産はどのぐらいになっていればいいのか。しっかりと把握しておけば、**自分の欲しい金額に対して、現時点からどのような運用をしていけばいいのか、具体的に動くことが可能**です。

資産1億円を作るなんて到底無理だ、と考える人も多いでしょう。しかし、しっかりと

計画を立てておけば達成できない数字ではないと思っています。

1億円の資産を持っていると、S&P500のインデックス投資やETFなどで運用すれば5%の運用利回りが確保でき、高配当株でも配当利回りが4%ほどは出ます。5%で運用すれば年間500万円増やすことができるので、月40万円使えることになります。

そうなると、現段階では資産1億円というのは、資産形成の目標として、一つの目安になるというのが私の考えです。

近い将来から老後まで、どこを目指すかは人それぞれですが、今のうちから理想を描いておくことで実現に近づきます。

日々に忙殺されて、ここまで考える余裕もないでしょうし、できている人の方が少ないと思います。だからこそ、ここが**他と差をつける第一歩**でもあるのです。

起業にあたっての不安要素をピックアップする

起業前の不安を挙げればキリがありませんが、どの経営者も共通して最も心配しているのは、**「果たして顧客が来てくれるのか?」**ということでしょう。

しかしこれに関しては、経営者が有名人でない限り、ほとんどの企業が認知度ゼロからのスタートなので、ある程度の覚悟は必要なことです。

そもそも起業したての企業の顧客の増え方というのは、きれいな右肩上がりで増えていくものではありません。初めはパッとしなくても、ある日を境に突然爆発するものなのです。

なぜかと言うと、**「顧客が顧客を呼んでくる」**からです。一度誰かから「あそこのお店よかったよ」と聞けば、気になるのが人の性《さが》ではないでしょうか。最初は顧客の母数自体が少ないのでそこまで増えませんが、顧客が顧客を呼び出したら止まることはなく、爆発的に集客が伸びていきます。

このことがわかっていれば、初めから顧客がいなくてもそこまで落ち込むこともなく冷静に対処できるはずです。やることをしっかりとやっていけば、必ず顧客は増えてきます。

第3章で顧客が途切れない店舗作りについて紹介しているので、実践してみてください。

起業前に自分や自社の事業について、不安点をピックアップしておくことは重要です。そうしてそれぞれ整理して見ていくと、「こんな簡単なことだったのか」と拍子抜けすることは多いと思います。

このピックアップという作業によって、**自分の抱える問題を新たに発見するきっかけ**にもなるでしょう。開業前に不安要素をつぶしていく中で、**打開策を見つける力も養われていく**はずです。

もし自分では取り除けない不安要素があったのなら、それは第1章の三か条、「プロの意見を戦略的に活用するべし」（31ページ）を実行してください。

取り除ける不安要素は、必ず開業前に全て取り除いておきましょう。

ウィークポイントを知る

自分を知ることから始める

開業にあたって、自分や事業について考えるということはとても重要です。自分を客観的に見ることができない人は、経営者には向いていないと言えるでしょう。

そこで、開業の際にまず考えるべきは、

●どんな経営方針にするか
●自分の店の強みをどこに置くか
●そのためには、どういった場所で開業をするべきかです。例えば、顧客の「数」で勝負したいのであれば、駅前にお店を構え、ひたすら回転数を上げていく営業方針になります。反対に、一人ひとりと向き合う接客を武器にして開業をするのなら、駅前のような立地では勝負が難しいため、住宅街や郊外に店舗を作ることになるでしょう。

また、前者であれば、最初から従業員を多めに雇い、店舗もたくさんお客さんが入れるようなレイアウトにする必要があります。一方で後者、接客の質を重視するのであれば、従業員の数も抑えられますし、店のレイアウトにも余白をもたせることができるでしょう。

このように、**「どんな店舗にしたいのか」**ということだけで、**お店の場所やレイアウト、従業員数も変わってきます**。そのため、**準備の段階からコンセプトを固めておく**ことは非常に大切です。

特に店舗に関しては、**しっかり準備をした上で探さないと、気に入った店舗の確保は難しい**と考えておいてください。

オールラウンダーになる必要はない

開業時のよくある間違いの一つに、「オールラウンダー」を目指してしまう、というものがあります。

自分の強みもウィークポイントもイマイチ自分ではわからないので、結局、勝負すべきところも、捨てるべきところも決めきれず、全てで勝負しようとしてしまうのです。

私自身、過去にオールラウンダーを目指していた時期がありました。開業当時、自分の強みは保存修復という分野で、歯の治療部分に白い樹脂を詰めるということの技術については、誰にも負けない自信がありました。

しかし、せっかくそんな強みがあったにも関わらず、「こんなマニアックな強みがあっても患者さん（顧客）には伝わらないだろう」と考えました。そして、虫歯治療やメンテナンス、ホワイトニングなどの審美治療や歯列矯正など、全てにおいて良質なサービスを提供することを目指したのです。

結果として、どの診療科目でも競合に埋もれてしまい、さまざまな治療に対応するために自然と業務も煩雑になっていきました。当然、**顧客が増えれば増えるほど、売り上げよりも先に負担が増えてしまい、精神的にも時間的にも限界を迎える**こととなりました。

そしてその結果、途中で小児歯科に転ずるという大きな業態変更をしたのですが、結果これが幸いしました。序章で少しお話ししましたが、全国の歯科医院は約6万8000軒。そして、小児歯科を標榜している医院はそのうち約3万7000軒なので、全体の1／2。さらに、「こども歯科」を前面に出している歯科医院となると、かなり少なくなります。こうした**ニッチな市場に参入したことで、かえって売り上げが伸び、営業時間も大幅に短縮することができた**のです。

こうした経験があったので、もし、あなたが今オールラウンダーを目指しているのなら、いったんその考えは横に置いて、**自分の強みに特化する**ことを強くおすすめします。

不安点・ウィークポイントの見つけ方

強みを見つけるのと同様に、自分のウィークポイントや不安点を見つけることも大切です。

ウィークポイントの見つけ方は非常にシンプルで、**「自分がやりたくないことは何だろう？」と考える**ことから始めます。

付箋に一般の同業者がしていることを、何でもいいのでたくさん書き出してみてください。そうして書き込んだ付箋を、**「やりたいこと」「やってもいいかと思うこと」「やりたくないこと」**に分けます。そうすれば、自分のウィークポイント（やりたくないこと）がすぐにわかるでしょう。

その上で考えなければいけないのは、**「やりたくないことをやらなくていいようにするにはどうすればよいか」**です。

私の場合、審美治療や複雑な抜歯はやりたくないこととしてリストアップしましたが、もちろんやらないと決めるだけではなく、他院に紹介するルートを開発するなど、苦手な治療を行わなくても患者さんの満足感を得られるよう、工夫しています。

全てを解消しようとしなくていい

不安点やウィークポイントを見つけられたら、苦手・不得意を解消していくのもいいでしょう。しかし、それでは時間がもったいないというのも事実です。

先ほど、**自分が不得意なことは得意な人に任せた方がいい**という話をしました。自分が全てのことをオールラウンドにやるのではなく、**自分の不足点を知ることで浮き彫りになるウリを知り、専門性を持った方がいい**ということです。

例えば、私の場合は親知らずを抜くのが苦手なので、得意な別の先生を紹介できれば問題はないと思っています。紹介する先は何個か持っておいて、さらに自分が尊敬する人のところに紹介できるコネクションがあるのであれば、患者にとってもいい話です。なので、苦手を克服してなんでも自分でやってしまうことは、私からするともったいない考え方だと思います。

不得意なことは人に任せて、その分、自分の得意分野をもっと伸ばしていった方が、よほど有益でしょう。

そのため、不足点やウィークポイントを見つけても、過度に気にする必要はありません。オールラウンドを高次元でできる人というのはいないと思いますし、**不足があるおかげで、コネクションを作ることができる**よい口実であると思ってください。ウィークポイントでさえも味方につけてしまいましょう。

ウリを作る

開業にあたっては、何らかの「ウリ」を作ることで認知してもらい、それを前面に出していくことが必要不可欠です。では、そのウリはどのように見つければいいのでしょうか。**「好き」と「できる」と「需要」がうまくかみ合う場所を見つけていく**ことをおすすめします。

まず、「好き」について。好きなことを仕事にするというのは、誰もが憧れる状況でしょう。もちろん、需要がなければいくら好きなことでもビジネスとして展開するのは難しいかもしれませんが、まずは**自分の「好き」をたくさん棚卸ししていきましょう。**

そして「できる」について。自分の得意なことを、ビジネスにつなげていくという考え方です。

これも、自身のウリを作る上で重要なポイントになります。自分が得意なことは何なのかを知りたい場合は、**昔から知っている人などに聞いてみる**のが一番いいでしょう。自分では思いもしなかった意外なことを言ってくれる場合もあるので、面白いのではないでしょうか。

最後に「需要」について。先に考えた**自分の「好き」と「できる」分野についての市場調査をして、需要はどこにどれくらいあるのかを知りましょう**。どんなに好きで得意なことでも、需要がなければビジネスとして成立しないので、このリサーチにはしっかりと時間をかけてください。

そして、もし自分の「好き」と「できる」ことが市場的にも見込みのあるものであれば、ぜひチャレンジしてみてください。

この3つが有機的につながったとき、あなただけの「ウリ」が完成します。

ただし、このステップを踏んでも、自分だけのウリが見つからない場合もあるかもしれません。
そんなときにおすすめなのは、**「自分のレア度を上げる方法を考える」**というやり方です。

自分や自社のレア度を上げる

本書の冒頭でも説明したように、日本に歯科医院は何万軒とあります。そのため、〝歯科医師であるだけ〟ならば他にもたくさんいるのです。しかし、例えば「私、歯科医師のライセンスを持っていて、歯科に関する本を出しているんです」とか「歯科医師と弁護士の資格を両方持っているんですよ」いう人であれば、かなりレア度が上がると思います。

あらかじめ備えていたレア度であればそれはもちろんいいことですし、前面に出していくといいと思います。ただし、開業・起業にあたっては、むしろレア度は自ら進んで新たに上げていくべきです。

私でしたら、「歯医者さん×〇〇〇」の掛け算がレア度を上げるポイントになります。「歯科医師×本の著者」という形で掛け算することができますし、経営者になるにあたって、簿記やFPなどの資格も取ったので、「歯科医師×金融系資格保有者」などと言うこともできます。

また、普通の歯科医はたくさんいますが、「小児歯科治療の第一人者」とマスコミで騒がれたら、その世界では無双状態になるでしょう。全国レベルではマスコミは有効ですが、小さいコミュニティであれば、地域で一番になってお母さんの口コミや噂話で、最初に名前が出てくるようにするだけでも違うと思います。

もちろん、経営者個人のレア度を上げるだけでは、起業という観点から言えば足りないと思います。あなたが**起業・開業する上で、事業や会社に必要だと思う業界内の「レア」とは何なのか考えてみてください**。そしてそのレア度を上げていく作業が必要です。そうすれば、その他大勢に埋もれずに済みます。

地域を知る

開業しようとする際に必ず考えなくてはならないことの一つは、やはり立地です。ただし、立地と言っても「駅近」などの好立地が、全ての開業に必要というわけではありません。ここでも、〝自社に合った〟立地が、「好立地」になるのです。

考えるべき重要なポイントを、具体的に説明します。

大都市で大勝ちするよりも「地域ナンバーワン」を目指す

やはり人件費や家賃が一番高いのは東京なので、**経費のことを考えるのであれば地理的に東京は避けるべき**ということになります。

「人がたくさんいるので、東京はよいのではないか？」と思うかもしれませんが、人口が多いということは、当然ライバルも多いということです。

ただ、大勝ちしたいのであれば東京に行くしかありません。この点は少し矛盾しているのですが、皆さんが目指すところを考えて、その売り上げを達成できるように開業する場所を選んでいただければと思います。

図3は、厚生労働省が発表した、都道府県（従業地）別に見た人口10万人に対する2020年の歯科医師数を表わしたグラフです。

人口10万人に対する歯科医師数の全国平均は82・5人で、これを都道府県別に見ると、東京都が118・4人と最も多く、青森県が56・5人と最も少なくなっています。

このグラフだけを見ても、東京で歯科医師がいかに多いかということはおわかりいただけると思います。

地理的な要素を考えたときに、**戦略により「大勝ち」なら東京一択**。そこまで大勝ちしないにしても、**地域で勝ちに行きたいのであれば、地方がおすすめ**です。田舎に行けば行くほど競争率が低くなるため、勝てる確率は高くなります。

図3 都道府県（従業地）別に見た医療施設に従事する人口10万対歯科医師数

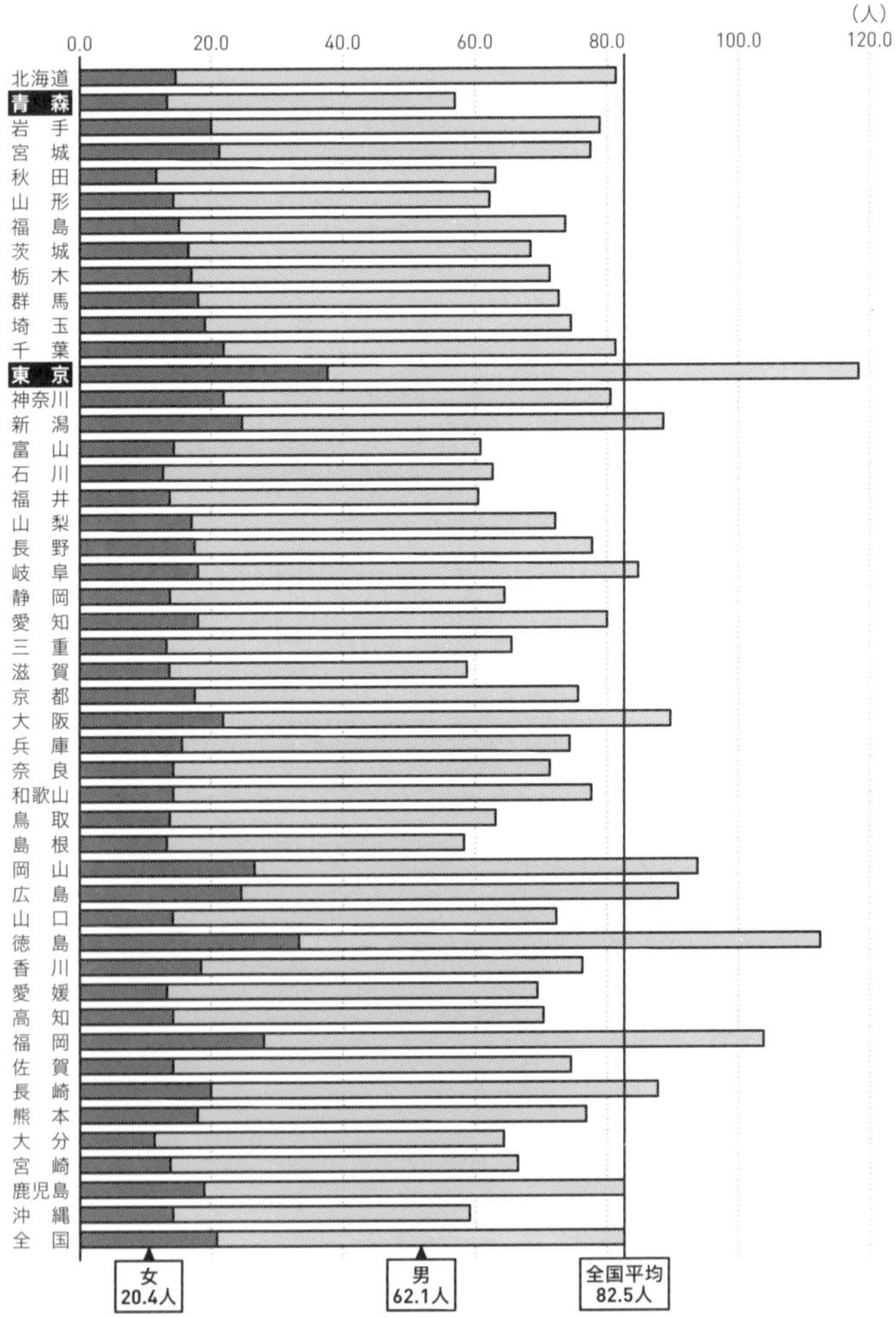

出典：令和２年 医師・歯科医師・薬剤師調査の概況（厚生労働省）

もし私がこれからチャレンジするのであれば、地方でものすごく広い店舗を開業して、その地域で何かしらの**「ナンバーワンの称号」**を取りにいくでしょう。

ここでの「ナンバーワンの称号」とは何でもいいのですが、「〇〇といえばあそこだよね」と、その地域の中で誰もがそう言ってくれるような評判を得るということです。地域で1位を取るのであれば簡単ですし、一度ナンバーワンになってしまえば、その後は無双状態です。一気に1位を取って、そこからどんどん戦略を進めていけばよいでしょう。

東京でナンバーワンになりたいのなら、地方から攻めていく

繰り返しになりますが、東京で1位を取るのは本当に大変なことです。仮に東京でひと花咲かせたいと思っているのであれば、まずは**地方からスタートし、その地域で1位を取って知名度を上げ、それからチェーン店化**していけば、何百軒も店舗展開できるような規模に広げていくことができると思います。

ランチェスター戦略というものをご存じでしょうか。

もともと軍事的法則であったこの戦略ですが、現在では経営やマーケティングの用語として広く知られるようになりました。特に、販売競争に勝つための理論と実務の体系です。弱者が強者に勝つための戦略方法で、中小企業が大企業に勝ち抜くために役立ちます。

このランチェスター戦略を使って会社を大きくしたのが、ソフトバンク創業者の孫正義さんです。今でこそ、ＮＴＴやＫＤＤＩに肩を並べる、日本の通信事業トップのソフトバンクですが、もともとソフトバンクは今のような大企業ではありませんでした。

日本に携帯電話事業が誕生したころは、完全にＮＴＴの独占状態でした。しかし孫正義さんは、あえて絶対的王者であるＮＴＴに地方から挑むことで、今の地位を作り上げていきました。

はじめは主戦場を福岡に絞り、無料でルーターを配るなど、ＮＴＴなどの超巨大企業が決してやらないサービスを展開し、まずはその名を広め、後々有料化していく……という戦略を取り、今の地位を築いたのです。

このように、自分の業界での立ち位置を知った上で、どの地域で開業・起業するかを考えていくことは、とても大切です。

ナンバーワンを取るためには、必ずリサーチしてから立地を考えなくてはなりません。例えば、私が今から新規開業しようと思っている地域に、既に「こども歯科ってあそこだよね」と言われているような歯科医院があったとしたら、その地域に開業するのはNG行為です。現ナンバーワンに挑んでみたいというのであればやってみればいいと思いますが、覆すのは本当に大変なことなので、場所を変えて開業した方が早いでしょう。

では、その地域にナンバーワンがいるかどうか、どのようにリサーチすればいいのでしょうか。

ごく簡単なことで、やはり**近隣住民の方に聞き込み**をすれば、すぐに答えてくれるはずです。「どこかいい美容院はありますか？」と聞いてみれば、「美容院といえばあそこやね」とか、「そこの美容師すごくいいんよ」「ここらへんにはいい美容院がないから、違うところに行ってるの」などと、教えてくれるでしょう。

そのようにリサーチしてみて、勝てないなと思うような同業他社がいたのであれば、その地域はやめて、他で開業することをおすすめします。

求人にも便利

地域ナンバーワンになると、求人に生かすこともできます。

例えば、開業する地域が大阪や神戸まで電車で10分ぐらいのところにあったとします。しかし、電車で10分ということはつまり、これらの大都市と通勤圏が被るということです。そのため、大阪や神戸の同業他社と**遜色ない給料を出さなくては、いい人材は大都市に流れてしまいます**。

そのため人件費は上がりますが、ある程度の給料を提示して地域ナンバーワンになっておくことで、**大都市の同業他社とも競争する力がつき、いい人材が集まりやすくなります**。そうなると勝ちパターンが出来上がっていき、さらに飛躍できるのです。

顧客層を知る

開業の地を決める際は、地域の特性に加えて、その**地域の人口が何人ぐらいで、お店の半径5㎞圏内に何人住んでいる**といった基本的な事前リサーチを必ずしてください。

例えば、小児歯科を開業したいのに、その地域に子どもが住んでおらず、お年寄りが多いような地域に開業しても意味がない、というのはわかるでしょう。むしろ失敗です。自分がやりたいことに合わせて、顧客層を知ることは必要なのです。

そう考えると、「少子化といわれて久しいけれど、小児歯科にして大丈夫なの？」という声も聞こえてきそうです。ただ、多い少ないという問題はあっても、子どもは必ずどこにでもいるものです。

特に地方では、お子さんを連れての外出であれば車で動くご家庭が多いため、車で30分ぐらい行ったところに、いい小児歯科があるという噂を聞けば、煩わしさも感じずに来てくれるでしょう。ただし、それに伴って駐車場が必須という条件が出てくるので、店舗の選び方にも影響します。

そのため、

- 地域の人口
- 年齢層や家族構成
- 半径5㎞圏内に住んでいる人数
- 年齢層

がわかれば、

- どの程度の顧客が見込めるか
- 自分の事業と、その地域の年齢や性別などの顧客層は合っているか
- 見込み顧客層に対し、どの位置に店舗があれば最適なのか

●見込み顧客層に対し、どんな環境や設備の店舗がいいのか

がおのずと見えてくるはずです。

そうしてある程度場所に目途《めど》をつけたら、インターネットなどで調べれば、必要な情報は簡単に出てくると思います。私ももちろん開業前にこうしたリサーチをしたのですが、開業時のスタートダッシュにはとても効果的でした。

また、怪しまれないように気をつけなくてはいけませんが、店舗が決まった際、店の前に1時間程度立ち、何人ぐらい、どんな人が通るのかを眺めて確かめるということもしていました。

ターゲット層は正しいか？

地域人口などを調べたら、**事業のターゲット層がその地域に適しているのか**を改めて調べる必要があります。

例えば私の場合、ターゲット層は子どもなので、地域に小学校は何校あるか、在校人数

は何人ぐらいなのかを調べた上で、場所を決めるなどです。

事業によっては、「この層をターゲットにする」というのが明確ではない、つまり多くの層に共通して利用されるものもあるでしょう。どの層をターゲットにするか決めあぐねている場合、ある程度絞った地域に子どもがたくさんいたとすれば、30代のお母さんに焦点を合わせた店舗展開にするなど、**地域の見込み顧客層を知ることで、パイの広そうなところを狙っていくという戦略**を取ることも有用です。

また、顧客層を知るということは、**自分がどういった方向性で営業したいか**というところにも関わってきます。

例えば、私は阪神ファンということもあり、初めは甲子園球場の近くで開業しようかと考えていました。しかし、よく考えると、甲子園で試合がある日に「阪神が負けた」となると荒れるのは必至です。それで極端に言えば医院の窓ガラスを割られたとか、ゴミを投げ入れられたとなると堪らないので、甲子園球場の周辺は避けることにしました。

どこの地域にも、よからぬ人たちが集まるようなエリアというのはあると思います。その土地のことをよく知らずに、そういったところに開業してしまうと後が大変なので、**治安**についてもよくリサーチした上で店舗を決めることは本当に大切です。

もし開業前に「こういう顧客を獲得したい」という理想の顧客像があるのであれば、それに合わせて開業地を決めていくのもいいでしょう。

具体的な調べ方については、マーケティング業者を雇えば知りたいことをきちんと調べてくれます。ただしとても値段が高いので、ネットで拾える情報を見て判断するぐらいでも十分だと思います。

ちなみに、開業のスタートダッシュを決める意味でも、地域の顧客層を知っておいて、**チラシをまく**のは効果的です。チラシを何枚まくかにもよりますが、10万円もあれば十分な量を配布することができると思います。詳しくは第5章で説明します。

開業前の基礎知識①

運転資金は多めに

開業するにあたって必要な知識を身につけるには、やはりある程度の勉強が必要です。繰り返しになりますが、**成功している同業の先駆者に話を聞く**のが一番です。そういう人が知り合いにいない場合でも、**「開業セミナー」**などもたくさんあるので、気になったものがあれば一度ぐらい足を運んでみてもいいかもしれません。

例えば歯科医師の開業に特化したセミナーならば、税理士・社労士・歯科材料のメーカーなどが開催していることがあります。歯科医師がやっているセミナーは、経験則からのアドバイス、税理士主催のセミナーは税金に特化したものなどと、それぞれ特徴があるので、**聞いてみたい内容に合わせて選ぶ**といいでしょう。

こうしたセミナーでよく言われているのは、**「運転資金は多めに残せ」**ということです。私は運転資金として当初1000万円ほど用意していました。それでも開業当初は本当にお金がなくなっていくので、手元資金は厚い方が何かと安心です。

私は患者が全く来なくても大丈夫なようにイメージをして、現金を用意しておきました。「お金の余裕は心の余裕」とはよく言ったもので、心の余裕がないと、何をしていても不安と焦りに駆られる恐れがあります。

店舗や会社の規模にもよりますが、**運転資金（家賃・人件費・生活費）×6カ月分**がいくらになるか計算してみて、その分の資金を手元に置いておくべきです。

想定外の出費としてよくあるのが、**「内装や材料などの初期投資は絶対に見積もり額では収まらない」**ということです。「あ、これ入っていなかった」「もうちょっとここを変えたい」となると、想定よりも出費がかさみ、運転資金に回すお金が少なくなってしまうこともあります。

そのため、最初から運転資金がカツカツな状態だと、本当に一瞬でお金がなくなってしまうので、初期投資の時点から、**見積もりよりも1・2倍ぐらいの支払いを覚悟しておいた方がいい**でしょう。

開業前の基礎知識②

経営者が最低限持っておくべき会計知識

前項に関連して、会計の知識というものは、もちろん経営者にも最低限必要です。
自社の数字や経営状況がわからないというのは、致命的な経営リスクになります。
とはいえ、経営者に専門的な会計知識が必要なわけでも、自社の経営状況を全て自分が把握して対処しなければならないわけでもありません。会計事務所や税理士に任せた方が間違いもないでしょうし、他の業務にあたる時間が増えます。

そのため、あくまでも最低限、家族やスタッフを路頭に迷わせないために、**簿記3級程度の知識は持っておく**こと、簿記3級の試験に挑戦することをおすすめします。費用も数千円から受験できるので手軽です。

この最低限の知識を得ておくことで、今まで税理士が言っていたことは正しかったのか、間違っていたのかもわかるようになり、理想とする経営に向けてどうすべきなのかというのも、自分で判断できるようになります。

経営が軌道に乗ってきたらいろいろ相談できる人脈を確保することが理想ですが、**少し不安に思うことを自分で確かめられる**というのは、経営をしていく上でとても安心ですし、大切なことでしょう。

自分の店舗を守るためにも、会計だけでなく経営に関する最低限の知識は持っておくようにしてください。

開業前の基礎知識③

PR戦略は必ずうつ

開業をするにあたって必要な基礎知識として、非常に大切なことがあります。面倒くさくてやらない人が多いように思いますが、**「プレオープン」や「プレリリース」は絶対にやっておくべき**です。例えば、実店舗があり11月1日からオープンするとなれば、その前の3日間ほどプレオープンをして、店舗をお披露目しておくことは非常におすすめです。

いざスタートしてみたときに、一体何人お客さんが来てくれるのかというのは一番不安に思うことでしょう。不安を解消するためにも、プレオープンをするのは意味があります。

歯科医院の場合、プレオープンとして医院の雰囲気を知ってもらえるよう「内覧会」のようなものを行います。「こんな材料があります」「こんな機材があります」と院内を見てもらい、来ていただいた方には無料で歯科検診・虫歯チェックを実施。さらに、歯ブラシグッズをプレゼントするなどして、実際の営業につなげるようにします。

オープニングのときは医院もとてもきれいなので、実際に足を運んで院内を見てもらうと、興味がなかった人でも「ちょっと診てもらおうかな」という気になるかもしれません。まだプレオープンのため保険診療はできませんが、もしそこで悪いところが見つかれば、「きちんと診させていただきたいので、11月1日のオープン以降でアポを取らせてくださ い」と、オープン時の患者を獲得していくのです。

そうすれば、**初日に来てくれる人数がその時点で担保されます**。オープン当日の来店人数が大体わかっていれば、「誰も来なかったらどうしよう」という不安から解放され、精神的にも余裕ができます。

美容室や整体でも、「5分髪質診断」とか「無料マッサージ10分」などを実施すれば、絶対にお客さんは来てくれます。面倒くさがってプレオープンをやらない店舗は多いですが、**こちら側の敷居を少し下げて、お客さんが気軽に来てくれる機会を設ける**ことはお店の未来につながります。

プレオープンの集客は、**チラシをまく、新聞に折り込み広告を入れる**などが有効です。もし資金に余裕があるのならば、**プロにプロデュースしてもらう**と集客も楽ですし、ノウハウがあるので華やかなイベントになると思います。

ただし、スタートダッシュの際は、前項で紹介したように運転資金を取っておく必要があります。そしてスモールスタートが基本なので、スタッフ同士の仲を深めるためにもみんなで行うのもいいでしょう。資金力により臨機応変に対応してください。

どんな業種にも言えることですが、顧客というのはとにかくハードルを下げてこちらから背中を押していかないと、なかなか来てくれないものです。予約を取るときも、「次回はいつにしましょうか？」ではなく、「次のお約束は○月○日○曜日で大丈夫ですか？」と、こちらで**全てお膳立てしてあげるぐらいで丁度いい**のです。

経営パターンを知って適したものを考える

経営パターンにはいろいろとありますが、自分の事業に適したものをどのように選べばよいのでしょうか。

例えば、飲食店ならば材料費30％、人件費30％、家賃管理費10％、光熱消耗雑費10％、初期費用の償却・ローンの返済10％で、残利益10％……。こうした**目安をベースにして、各項目を自分の店舗の実態に見合うよう調整した上で、自社ならではの個性を出している**と思います。

歯科の中でも、材料費率が○％などという、目安となる数値のパターンがあります。もともと利益率が高い業種なのですが、大体70～80％ぐらいで、私の医院の粗利は90％ほどです。

歯科でも使用するパラジウムや銀、金などの金属がレアメタル化し価格が高騰している中、小児歯科の場合、虫歯の被せ物として金属はほとんど使いません。そのため、比較的材料費を抑えることができ、利益率が上がっているのです。

実際に私の経営する歯科医院では、20～25％が理想といわれている人件費は30％を超えていますが、材料費で浮いている分相殺されています。

このように、**数字の割合は業種や経営者の戦略により異なる**のです。

まずは、**業界の経営パターンをリサーチ**しましょう。そして自社の数字はそれに対してどうかを知ることから始めてみてください。細かく見ていくと、妥協できない部分はしっかり費用を確保し、抑える部分は抑えると決めることができます。業界のパターンを知っておくことは非常に有益なことなのです。

こうした数字は、経営戦略に強い税理士などが知っているので、一度聞いてみるといいでしょう。

具体的には、

- 材料費率
- 人件費率
- 家賃管理費率
- 光熱消耗雑費率
- ローンの返済比率
- 利益率

などが主なものです。業界特有の事情で確認した方がいい数字があれば、それも加えてください。

まだ自社の経営パターンが定まらない、どれがベストか試行錯誤中であるような場合は、**業界の平均的な数字と乖離している部分を埋めていく**ことから始めるといいでしょう。実際に表1を埋めてみてください。

プラスになっているのか、マイナスになっているのかは別にして、そこよりも少ないのであれば、強みとして見ることもできますし、多いのであれば、改善するべき点であると

表1 業界平均と自社実績の乖離率

	業界平均	自社実績	乖離率
材料費率	%	%	%
人件費率	%	%	%
家賃管理費率	%	%	%
高熱消耗雑費率	%	%	%
ローンの返済比率	%	%	%
利益率	%	%	%
……			

いう考え方もできます。

ただし、ここで重要なのは自社の戦略です。その戦略により、**乖離している数字は見直すべきものなのか**どうか、考えてみてください。

一点注意していただきたいのは、経営に詳しくない税理士の場合、「費用はなるべく抑えましょう。そうすると利益がこれだけ出ます」と、経営戦略を考慮せず費用を下げようとする人もいるということです。

自分の経営戦略を考慮した数字を相談したいと思うのであれば、**経営に詳しい税理士もしくは経営コンサルタントと契約する**ことをおすすめします。

最高の経営戦略は「サブスク」

皆さんは、Netflix や AmazonPrime などの**「サブスクリプションサービス（サブスク）」**には加入されていますか？

私は、最強の経営戦略というのはサブスクだと思っています。経営者として自分が顧客に対して取りたい施策はサブスク。そして、自分が消費者の立場になったときに一番嫌なのもサブスクです。

利用されている人ならわかると思います。1年だけ入るなど期間を決めておき、きちんと使い倒す気持ちのある方なら価値はあるでしょう。

しかし、「安いからいいか」と放置しておくと、使おうが使うまいが、契約は自動更新。

そして気がついて解約しようと思ったら、解約ボタンが見つからず（サービスによってすぐに見つけられるものと見つけにくいものとあるので、一概には言えません）諦める……。このように、さほど使いもしないコンテンツに毎月いくらか支払っているという人は多いと思います。

ではなぜ、経営者側から見るとサブスクは最強の経営戦略になり得るのでしょうか。

このシステムを使ってうまく回るようになると、**とても安定した売り上げを実現することができる**からです。例えば、月に１万円のサブスク商品を１００人に売った時点で、毎月１００万円の売り上げが確定します。経営者にとってそんなに楽なことはないでしょう。

このサブスクは、ＬＴＶの考え方に通じています。ＬＴＶ（Life Time Value）とは、一人の顧客が一生のうちに、自社製品やサービスをどれだけ購入・利用してくれるのか、合計でどのくらいの利益をもたらしてくれるのかを示す値です。つまり、サブスクはリピート客と言い換えることもできます。

例えば私の歯科医院では、次回の３カ月後のアポを必ず取り、３カ月後アポを取った人が何%来るかという数値を取っていきます。そうすると、3カ月後にほぼ確実に来てくれる数値がわかるので、売り上げがとても安定するのです。

リピーターがきちんとリピートをしてくれれば、立派なサブスク戦略の完成です。

サブスクの取り入れ方

では、その最強の経営戦略であるサブスクを、どのように自分のビジネスに取り入れていけばいいのでしょうか。

言わずもがな、**サブスクになり得るサービスをいくつか持っておけばいい**だけです。

Netflix や Amazon Prime はサブスクビジネスとして有名ですが、他にもサブスクのビジネスモデルとして際立っているものがあります。それは「コストコ」です。

コストコの販売商品は、原価率が90%程度といわれています。つまり、ほとんど原価と変わらぬ値段で販売してくれているということになりますが、原価率が高いということは、言い換えればコストコ側の儲けはほとんどないということです。

では、どのように儲けているのかというと、皆さんお察しの通り、会員から受け取る**「年会費」**で利益を得ています。「エグゼクティブ・ゴールドスター」なら年会費は税込み9900円、「ゴールドスター」なら年会費4840円です（2023年5月現在）。

コストコの会員は全世界で約1億2300万人（2023年2月12日時点）いるので、年会費だけで巨額の利益になります。

他にも、**回数券**などを導入している店舗もあります。もし業態に適しているのであれば、こうした**先にお金を回収できるシステム**は、確実に導入すべきでしょう。

しかし、サブスクのビジネスモデルは、業種によっては実現するのが難しいかもしれません。だからこそ、アイデア次第でうまくビジネスに取り入れられれば、とても経営が安定します。皆さんもぜひ、サブスクをうまくビジネスに活用していきましょう。

開業準備としてのマーケティング基礎知識

マーケティングの基礎と言っても難しいことは何もなく、結局は、はじめの一歩を踏み出すかどうかだと思っています。何事も動かないと始まらないですし、ある程度の分析などは必要ですが、一通りのリサーチが済んだら、あとは**ＰＤＣＡをどんどん回していく**しかありません。

ＰＤＣＡとは、Plan（計画する）、Do（実行する）、Check（確認）、Action（改善）のことです。もともとは、生産管理や品質管理などを継続的に改善していく手法を指します。これを、自分の目標やビジネス上の取り組みなどに当てはめて、ゴール達成までのプロセスを効率よく行うために使います。

ある程度手数を増やしていけば、成すべきことはルーティン化してくるでしょう。それらを忠実に行っていくだけです。

また当院では、一時期マーケティングの一環として、長年通ってくれている患者に**アンケート**を取っていました。内容としては、「もっとファンになっていただくために必要なことは何か」「この部分がなければ他社に行っていたと思う点」など、**自社の強みが見えてくるような内容の質問**でした。要するに、「なんで来てくれているんやろ？」ということをストレートに聞いて、よい部分を伸ばしていこうという取り組みです。

こうしたアンケートの質問の仕方には、多少工夫が必要です。

例えば、「『ここを改善したらもっと好きになるのに』という部分を教えてください」と聞いてしまうと、なかなか言いづらいのか、教えてくれないのです。

そのため、「あかん部分を教えてください」ではなく、「どういうところを気に入って来てくれていますか？」という、**いい部分を聞くようにする**と、きちんと答えてもらえます。

アンケートのやり方はさまざまあるでしょう。わたしは当時、**Ａ４の紙１枚に10～15分**

アンケート例

(1) 当社のサービスを何でお知りになりましたか？　何がきっかけでしたか？（Googleで検索したなどの答えの場合、検索キーワードなど、できるだけ最初の出会いの状況を具体的に教えてください）

(2) 当社のサービスをお知りになる前はどんなことにお悩みでしたか？　その中でも、特に悩んでいたことは何ですか？

(3) なぜ当社を選んでいただけたのでしょうか？

(4) 当社のサービスを選ぶ際に、どちらにすべきか最後まで悩んだ候補はありましたか？　そのもう一つの最終候補に、「もしこれがあったら、そっちを選んでいたかもしれない」という要素があるとしたら、それは何ですか？

(5) 今まで他社サービスを利用していた場合、その社名を教えてください。また、そこに「もし、これがあったら通い続けていたかもしれない」という要素があるとしたら、それは何ですか？

(6) 最終的に、当社のサービスを選ばれた決め手は何ですか？

(7) 当社のサービスを選ぼうと思われてから、何か躊躇することがあれば教えてください

(8) 当社サービスの価格について、どう感じましたか？
高いと感じましたか？　安いと感じましたか？（高い安いのいずれにせよ）
何と比べてそう感じたのでしょうか？

(9) 当社のサービスを利用してみて一番の変化、よかったことは何でしょう？
また、特に気に入っている点を３つほど教えてください。

(10) 当社のサービスを受けて（購入して）いなかったら、今どうされていると思いますか？

(11) もし、当社のサービスをご友人などに紹介いただけるとしたら、何と言って紹介されますか？

(12) もっとこういう点が強化されたら、さらに当社のサービスを好きになる（あるいは、さらにファンになる）という点があれば教えてください

ほどで終わるようなアンケートを作っていました。

ちなみにその際は、「１０００円分の歯科グッズを差し上げます」と言ってお願いしていました。**そのアンケートに答えることのメリット**は、しっかり顧客に用意しておくといいでしょう。

マンパワーがあるのならば、ＳＮＳを使ったマーケティングを取り入れるのも有効です。

ＳＮＳは基本的にタダなので、使えるものは使っていくべきでしょう。

☑ どのような店舗にしたいですか？

例：駅から徒歩5分以内

【立地】

【ターゲット層】

【ウリ】

CHECK LIST

☑ 不安要素、ウィークポイントは何ですか？

第3章

いよいよ開業！

休みを増やして売り上げを上げるためのポイント

開業時の

失敗経験から見る成功ルール

第2章で紹介した開業前の準備が整ったら、いよいよ開業！　ただし、ようやくスタート地点に立っただけにすぎません。本番はこれからなので、油断せずに気を引き締めていきましょう。

ここでは、開業して間もない時期の「失敗経験から見る成功ルール」を紹介します。

安かろう悪かろうはダメ

最初はどうしても、なるべく安い業者に備品や材料などを依頼したいという思いが強いもの。しかしその考えで業者を探して発注してみると、やはり「安かろう悪かろう」というものが届いてしまうのです。

そうなると、手元に届いた材料や備品の調整にとても時間がかかってしまうため、取引先を変えることになります。しかし、変えた先も「安かろう悪かろう」の業者。そのため、発注しては取引先を変える……ということを、実際に私も繰り返していました。

これではいつまでたっても改善しない、むしろ無駄なお金がかかってしまうと思い、地域で人気だった歯科医院の方などに「どの業者を使っていますか？」と聞いて、ようやく落ち着くことができたのです。

まず、安くて質のよい商品、サービスというのは存在しないと思っていた方がいいでしょう。安く済ませて後でクレームになるよりも、最初からよいものを使って気分よく安全に仕事ができた方が、100倍いいと思います。

質を求める視点を持って取引先を選びましょう。自分の求めるサービスが実現できるような取引先を選んでください。

今ではネットで調べて、自分で新規開拓してよい取引先を見つけるという手もありますが、かなりハードルが高いと思います。全く知らない業者だと、最悪の場合騙されてしまう可能性もあるので、そんな心配をするぐらいなら、**信頼できる相手から取引先を紹介してもらう**のが一番です。

勤務時間を月32時間削減させた方法

とある**講習会に出席**したことがきっかけで、私の運命は大きく変わりました。
その講習会の先生は、私と同じ一般歯科医師で、患者も多く来ていたけれど忙しすぎて体を壊してしまったという方でした。そこでその先生は、営業時間を大幅に短くし、一般歯科から小児歯科に変えたと言うのです。その結果、診療が17時半で終わるようになったとお話をされました。

この話は私にとって、非常に衝撃的でした。というのも、当時私は最終受付を19時半までとして診療していたので、治療を終えて帰るころには、21時や22時などと、帰宅が遅くなっていたのです。

「いくら売り上げが上がるといっても、この勤務形態をずっと続けるのは無理がある。どうすれば営業時間を短縮できるのだろう」という思いを、私は日に日に強くしていました。

そんな中、この講習会に出席したことで、「一般歯科から小児歯科に変更して勤務時間を大幅に減らす」という先生の経営モデルは、私にも真似できるものだと気がつきました。

なぜなら、小児歯科で求められる治療とは、保存修復（歯を保存的に残して修復していく治療法）という、大学院で私が学んできたこと、つまり、得意分野ばかりだったからです。

自分の強みや得意を生かす事業方針に切り替える

人には誰でも得意・不得意があり、またそれぞれ売りにしている部分は必ずあると思います。例えば美容師なら、カットよりもカラーリングが得意とか、整体師でも、ボキボキ鳴らすような施術がウリの方もいれば、ソフトタッチの施術に定評のある方もいます。

単純な話で、**自分の強みを生かす事業方針**に切り替えれば、もっと楽にうまく経営ができるということだったのです。これは、安定した業績を上げるためにと、多くの見込み顧客（患者）をカバーし切る業態を選択した結果、見えなくなっていました。他の歯科医の多くが踏襲《とうしゅう》していた業態だったからというのもあったでしょう。

そのことに開業14年目にしてやっと気づいた私は、開業していた一般歯科から思い切って舵を切り、小児専門歯科医院として、医院名にも「こども歯科」と明記して再出発しました。

事業形態に合わせた営業時間の見直し

同時に、診療時間を大幅に見直しました。最終案内をこれまでよりも、2時間早い17時半までとし、さらに木曜日と日曜日を定休日、土曜日は14時半までの診療という形を取ることにしたのです。

本当にここまで診療時間を減らして大丈夫なのかと、疑問に思う方もいるかもしれません。子どもの寝る時間から逆算してみると、その答えは明白です。

たいていの子どもは21時に就寝するので、20時にはお風呂に入り、18時には夜ご飯を食べ始めるでしょう。ならば、歯医者さんに行くのはどれだけ遅くても17時までだろうと考え、思い切って診療時間を17時半までと大幅に短くすることができたのです。

診療時間を短くすると、共働き家庭の顧客を失うのではと思う方もいるでしょう。

しかし実際は、歯の健康への意識が高い親は、仕事が忙しくても土曜日にきちんと予約を取ってくれます。そのため、「もしも診療時間を短くすることで通ってもらえなくなるなら、時間の問題ではなく、治療や接客を見直すようにしよう」と考えて、思い切って子ども専門の歯科クリニックへと舵を切ったのです。

ただし、懸念の通り、時間が合わずに来なくなってしまった方は一定数います。

ですが裏を返せば、最終的には本当に歯の健康を大事にしていて、きちんと予約を取り定期的にメンテナンスをしてくれる、いわば **〝優良顧客〟だけが残った**ことになります。

そのため、診療時間を減らしたことは、さまざまな面で当院にとってプラスとなったのです。

重要なのは「何をやらないか」を決めること

ビジネスに限ったことではなく、何事においても、「やること」を決めるよりも **「やらないこと」を決める方が大事**だというのが私の考えです。

時間というのは有限です。やらないことを決めることによって、やりたいことだけに時間を使えるようになります。そして、自分が得意なことでよりいっそう活躍できる。一方で自分が得意でないことに関しては、得意な人に活躍の場を提供できる。

そう考えると、「何をやらないかを決める」ことは、非常に有意義だと思いませんか？

つまり、何をやらないかを決めた結果、今までの顧客層をある程度手放し、**自分に合った顧客層を獲得する**ということは、けっしてマイナスなことではないのです。

こうして私は、勤務時間を月32時間も削減することに成功しました。

休みを増やして売り上げを上げるためのポイント①

リピート率

売り上げを最大化させるカギは「既存顧客」のリピート率

休みを増やしても売り上げが伸びた理由の一つに、LTVの考え方を大事にし、新規の集客にこだわらず、**既存顧客の売り上げを最大化させる**ことに注力した点が挙げられます。

つまり、まず重点を置くべきは、新規の顧客ではなく**「既存顧客にいかにリピートしてもらうか」**ということです。

単純に考えて、新規の顧客というのは、自社のファンになってくれるのか、そうでないのかはわかりません。しかし、リピートしてくれている既存顧客というのは、お店を気に入っているから来てくれているのです。そうであれば、お店のサービスをわかってくれている既存顧客側にアプローチした方が、これから先もリピートしてもらえる確率が高いというのは自明でしょう。

「リピート率」のズレをなくす

既存顧客をどうやってリピートさせるのか。まずするべきは、第1章でもお話ししましたが、きちんとした**「リピート率」を取る**ことです。

実際に私も数字を取ってみると、例にもれず、想定していたリピート率とはかけ離れていました。このギャップを埋めていかないことには、新規の患者を増やしても意味がありません。

もし、皆さんもリピート率の数字を取ってみて推測と相当な乖離があったのであれば、ひとまず新規顧客のことは考えずに、この**ズレをなくすことから着手**しましょう。

こうしたリピート率の数字を取ることのメリットはまだあります。

新規顧客の数、キャンセル率、再来率、アポ確定率が理想数値になると、どんどんリピートして既存顧客が増えていくので、1カ月の収益が見えやすくなります。すると、そこから営業時間を削ったらどれぐらい売り上げが下がるのか計算できるのです。

数字の乖離と営業時間が少なくなることで、自分自身やスタッフの幸福度がどれだけ上がるのかを考えていきましょう。

リピート率が悪い原因を突き止める

そのために、**「リピート率が悪い原因は何なのか」を分割**します。

実際に分けてみると、私の歯科医院におけるその原因は、次の3つありました。それは、

① 患者とゴールの共有ができていない
② アポを取るときにチェアサイドで取っていない
③ アポを取るときに「次どうします?」という声かけから始まっていた

ということでした。

診療が終わって、もう患者が帰るというときには、チェアサイド（患者が歯科診察台に座っている状態）に「必ず呼んでね」とスタッフに言っておき、親御さんと話します。「今回はお子さんに虫歯がなかったのでよかったです。でもお母さん、お子さんの虫歯がない状態を維持したいですよね？　虫歯がないというのは一生の財産ですし、そのためには定期的にフッ素を塗っていくのがとても大事なので、３カ月後も予約を取らせてほしいのですが、よろしいですか？」という内容の話をします。

そこで「お願いします」と言われれば、その後はスタッフに任せて、その場で予約を取るという流れです。

つまりここでのゴールの共有というのは、「子どもの虫歯がない状態を維持する」という歯科医院側と親の共通の目標を共有することです。親御さんにも**目的意識**を持ってもらわないと、定期的に歯科医院に通う優先順位が下がり、だんだん来なくなってしまいます。そのため、**ゴールを共有しておくこと**はとても大切なのです。

こうした施策は歯科医院に限らず、例えば整体院などでも使えるでしょう。

「一度ではよくならないので、間を空けずに来ていただくことが大切です。一週間後にもう一度来ていただけますか？」などと言ってみて、予約もその場で取ってしまうというやり方ができるのではないでしょうか。

こうした**確固たる説明**があると、「確かにそうだな、そういうことなら……」と顧客にも思ってもらえます。そうして自ずとリピート率が上がっていくのです。

休みを増やして売り上げを上げるためのポイント②

顧客教育

休みを増やして売り上げを上げるために、私の歯科医院では自費診療の割合を増やしました。日頃から患者自ら自費診療をやりたくなるよう、小さな種をまいており、それが売り上げにつながったのです。

マーケティングでは、**「顧客教育」**という概念があります。

「顧客教育」とは、それまで顧客が知らなかった**「新しい価値観」や「新しい知識」を提供する**ことです。

例えば、歯並びが悪いとなぜよくないのか、ご存じの方は少ないでしょう。見栄えが悪いという観点から皆さんは歯列矯正を検討するのだと思います。もちろんそれもありますが、歯並びが悪いと歯をみがきにくくなるため、歯垢や歯石が溜まりやすくなります。そして結果的に、虫歯や歯周病を引き起こしやすくなります。また、発音などにも影響があるため、サ行・タ行・ナ行・ラ行が苦手になってしまう、外国語の習得が困難になる……などの悪影響が考えられるのです。

こうしたことは、普通に生活しているだけでは知り得ない情報なので、専門家である歯科医院側が、責任をもって伝えていかなくてはなりません。これが「顧客教育」です。

こうして顧客に新しい価値観を提供することで、自社商品やサービスを利用してくれることにつながります。経営者は顧客の生活を豊かにすべく、自分が持てるスキルやアイデアを尽くし、顧客に提供していく責務があるのです。

それにより、単価の高いメニューを販売することができれば、自ずと売り上げは上がっていきます。

集客だけじゃない！

スタッフも集まる環境づくり

マニュアル化でスタッフの負担を減らす

前述したように、売り上げが上がる店舗というのは、必ず優秀なスタッフがいるものです。しかしもちろん、優秀なだけでは経営は成立しません。スタッフのチームプレーができていて、風通しがよいということが条件になります。

歯科医院であれば、歯科医師と歯科衛生士の意思の連携がしっかり取れていることで、患者にも安心感をもって来院していただけるのです。特に子どもをターゲットにしている業種の場合、子どもの対応という特殊な仕事が課せられます。私の歯科医院では、その部分を歯科衛生士にお願いしています。

ここで大切なのは、意外に思われるかもしれませんが、**過度に自主性を求めない**ことです。

「こういうときはこの対処」という風に、ある程度マニュアルがあった方が、自分で考えてどうするか判断しなくてはならない状況が減ります。そうすることで、スタッフも安心して動くことができるのです。

そして経営者のあなたにとっても、スタッフや従業員が判断に困った際、忙しい中毎回判断を仰がれるということもなくなるので、その工程をスキップできるのはとても大きなことでしょう。

イレギュラー用の対応も考えておく

マニュアルを作ったとしても、どうしても5～10%、つまり20人顧客がいたら、そのうち一人ぐらいはイレギュラーが起こるものです。そのため、平常時のマニュアルだけでなく、**イレギュラーが起きたときのマニュアルや動きについても決めておく**とよいでしょう。

例えば、イレギュラーが起きたらまずチーフに相談する。そして、チーフでも対応できなかったら自分（経営者）が責任をもって対応するということを、従業員に周知しておくなどです。

ただし、マニュアルは細かくしすぎると覚えるのも大変ですし、必ずイレギュラーが出てくる中、全てを網羅するのは１００％不可能です。そのため、**基本が網羅できるマニュアル**にとどめておいてください。

運用方針を統一し、誰がやっても同じ再現性を実現する

さらに、マニュアルがあるということの利点はもう一つあります。アドリブが必要になる場面では、経験や個人の能力に頼ることになるでしょう。

しかし、顧客には関係のないことです。

自分に置き換えてみればわかると思いますが、スタッフによっていつもクオリティや対応が変わってしまうような企業のサービスは、利用したくないと思うはずです。直接顧客と接するサービス業などであれば、なおさらでしょう。

そのため、スタッフによって差が出てきてしまう恐れのある業務に関しては、マニュア

ルを作ることで、**個々の能力によって対応が変わることなく、一定のクオリティのもと商品やサービスを提供できる**のです。

「求人をかけたらスタッフが集まってくれる職場」を作ることができるので、マニュアルの作成は大変ですが、まだ作っていないのであれば、ぜひ作成に着手してみてください。

理念やコンセプトの共有が大切

同じ方向性を目指して、さまざまなスタッフが目標を達成できるチームワークを持つことはとても大切です。そのようなチームワークはどのように作っていけばよいのでしょうか。

まず、**「理念やコンセプトをしっかりと共有する」**ということです。

ただし、経営理念の作り方に悩む経営者も多いでしょう。

まずは、やはり自分や事業を改めて見つめ直すことから始めてみてください。そうして、自分のやりたい方法をきちんと言語化し、スタッフに示していきましょう。

なによりも、自分の考えをスタッフにわかるようにすることが重要です。「言わなくてもわかるでしょう」は、今の時代には通用しません。

また、人間というのは、何かメリットがないと動かないものです。同じように**スタッフもメリットがないと動いてくれません**。

その意味でも、先に説明したマニュアルを作るというのは効果的です。それにより単純化された仕事は楽だし、顧客には笑顔で帰ってもらえるからです。

毎朝、朝礼などで理念を言うというやり方も悪くはないですが、ただ理念やコンセプトを伝えるだけではなくて、そこにプラスして、こうしたスタッフのメリットを伝えてあげてください。そうすることで、必然と理念にも共感して、同じ方向に向かって動いてくれるようになるでしょう。

チーム育成ではすぐに結果や見返りを求めない

同じ方向性を目指すためのチーム育成に必要なのは、**「すぐに結果や見返りを求めない」**ということです。人材が育つまでには時間がかかりますし、人によっては教えたことをすぐできるようになるわけではありません。慣れるまで時間がかかるので、すぐにできなくてもじっくり待つ姿勢が大事です。

すぐに結果を求めてしまうと、お互いが疲弊してしまいます。ただ、求めなさすぎるのも、本人は「自分は期待されていないんだ」と思ってしまい、モチベーション低下の原因にもなります。

何にでも言えることだと思いますが、**小さい成功体験をどんどん積ませてあげる**と楽しいですし、自信がついてきます。仕事の上でも、いきなり一人で全部やらせるのではなく、一つひとつの工程を教育する上で、経験を積んでいってもらえればいいのです。

では、経営者はスタッフが育つのをどれぐらい待てばいいのでしょうか。

私の歯科医院の場合は、半年間有期雇用をしていて、「半年後にここまでできるようになってください」とあらかじめゴールを設定しておきます。そしてその期間が終わった後に問題がなかったら、正社員として採用することにしています。

入社3カ月で「これができるようになってほしい」という小さいゴールを設定し、終わるとまた次の6カ月後のゴールを設定しておく……としていくと、その都度スタッフの成長を確認できるきっかけとなります。

また、**新人教育用のマニュアル**を作るのもおすすめです。入社1日目はこれ、2日目はこれを教えると決めてしまいます。そうすると、そのマニュアルを見れば「もう入って1カ月たっているから、ここはもう習っていてできるよね」というのがわかるので、既存スタッフも教育が楽になります。

働きやすいシステムを作る

経営者たるもの、スタッフが働きやすくなるようなシステムを作るべきだと思っています。

まず大切なのは、**しっかりと休みを確保してあげる**こと。そして、スタッフと同じぐらい**スタッフの家族も大事にしようという考えを持つ**こと。これを念頭に置いた仕組み作りが必要です。

それには、**スタッフ自身に余裕がある状態を作っておく**ことが絶対条件になります。スタッフが余っている状態であれば、急に体調が悪くなっても、プレッシャーやストレスを感じずに安心して好きなときに休みを取れます。

ただ、**ルールだけはしっかりと決めておきましょう。**

例えば、同じ職種2人までなら同時に休暇を取ってもいいなどです。人数を細かく指定しているのは、言わずもがな、職種によってそれ以上同時に休んでしまうと営業に支障をきたすためです。

どの経営者にとっても同じだと思いますが、スタッフには長い期間勤めてもらうのが最善です。スタッフが辞めてしまうことが、会社にとって一番のマイナスなのです。そのため、採用した後どうやって辞めないようにしていくのか考えるのは、経営者の仕事です。

どうすればいいのかを考えると、**「休みの融通が利くことが一番」**という結論に達しました。そして、スタッフ自身の幸せやスタッフの家族の幸せも考えていないと、その幸せは、顧客にも波及していかないでしょう。

多少人件費がかかったとしても、人員に余裕があることでスタッフも精神衛生上いいと思います。繰り返しになりますが、**十分な人員の確保は、スタッフに長期で働いてもらうための取り組みとして欠かせない**ものです。

スタッフとのコミュニケーションは必ず勤務時間内に

スタッフに長く働いてもらうためには、適度なコミュニケーションを取ることも忘れてはいけません。私は、飲み会など時間外でのコミュニケーションを強要しない代わりに、営業時間を削ってでもスタッフと話す時間を作っています。

コミュニケーションが得意な人もいれば、苦手な人もいます。そのため、**トップの人間がコミュニケーションを率先して取る**のが、一番説得力があるのではないでしょうか。

私の医院では、コミュニケーションの一環、そしてスタッフがテンションを上げた状態で一人目の患者を迎えられるように、**「グッドアンドニュー」**を行っています。

グッドアンドニューというのは、4人程度のグループを作って、24時間以内にあったたいいことや、最新の出来事を大体30秒ほどで話し、終わったら拍手するという流れで行います。

どんなにコミュニケーションが苦手なスタッフでも必ず何かしら話してくれるので、チームビルディングには非常に役に立っていると思います。私はそこに参加していないので、さらにみんな和気あいあいと話ができているようです。

ただ、日々の業務の中で伝えないといけないことも出てくるので、必要な連絡事項はグループLINEなどに送るようにしています。

では、私はスタッフとどこでコミュニケーションを取っているのかというと、毎日30分診療枠を切ってスタッフと話す時間を作っています。同じ時間帯にスタッフも一人だけ30分診療を入れず、私と30分話をする時間に充てています。スタッフは20人ほどなので、毎月一人1回は話をするサイクルになります。

ただし、この一対一のコミュニケーションは、スタッフの負担になるので**絶対に昼休みや勤務時間外に行ってはいけません**。必ず勤務時間内に枠を取り、スタッフに仕事をするよりも楽だと思ってもらえるようにしておくことが大切です。

そこでも自分の中でルールを決めています。ただ単に「調子どう？」と聞いてしまうと、

「調子いいです」だけで終わってしまうので、仕事のことに関してちょっと細かめに「最近こういう仕事を担当してもらっているけど、大変じゃない？」という感じで、**具体的に切り込む**ようにしています。

そして、悩みなどを聞いたとしても絶対に**「その場で解決しようとしない」**と決めています。なぜなら、そのスタッフの意見だけを聞いて判断するのは得策ではないからです。**現場を見ている他のスタッフの話も聞いてから解決策を探る**と、最適解を導けます。

仕事を簡略化できるシステムに惜しみなく投資する

人は完璧ではありません。必ずミスをする生き物です。しかし、対顧客の仕事をしている上では、ミスは許されません。可能な限り、ミスをしないように試行錯誤していく必要があります。

そのために、有効なツールにはどんどん投資してください。予約管理や顧客管理、ＤＭ管理などは典型でしょう。**人がしなくてもいい仕事、人がするとミスが出る危険性のある仕事は、機械に任せてしまえばよい**のです。

自分の業種にはどのようなシステムが適しているのか、どのようなツールがあれば便利だと思っているのかを、一度考えてみてください。それぞれの業種に合ったシステムが見つかるはずです。

営業中としてのマーケティング戦略

新規顧客の獲得方法

「新規顧客をどうやって獲得するか」

というのは、あらゆる店舗ビジネスに関わる人にとって最大のテーマでしょう。

多くの経営者は新規顧客獲得のために、同時多発的にさまざまな集客・広告ツールに手を出してしまいがちですが、新規顧客の集客では、**「優先順位」**をしっかりと定めることが何より大事です。

なぜなら、同じ新規顧客と言っても、**どのツール・手法を使うかによって獲得単価がまるで違ってくる**からです。

知り合いや家族を紹介してもらう

新規顧客を獲得するために一番コストパフォーマンスがよく、真っ先に取り組むべきなのは、**既存顧客に知り合いや家族を紹介してもらう**ことです。なぜなら、今いるお客さんに「紹介してください」と頼むだけで完了し、費用もかからない上に、成功確率がとても高いからです。

そのためにはまず、既存顧客について、**家族構成などをしっかりと把握する**必要があります。初めて来た際のアンケートや問診などで、必ず確認するようにしてください。

家族への声かけが終わって、まだ枠が空いているなら、友人や知り合いを紹介してもらうといいでしょう。

家族に比べると成功確率はやや下がりますが、同じように費用はかかりません。また、紹介で来てくれたお客さんは、リピートしてくれる優良顧客になることが多いです。

ただし、家族の場合のように「紹介してください」と言うだけで紹介につながることはほとんどないので、**紹介カードや特典など、紹介しやすいシステムを作る**ようにしましょう。

この際、つい見落としがちなのが、紹介する側のメリットです。

紹介された側にだけクーポンやプレゼントをするのではなく、**紹介者側にも特典をつける**ことで、実際に動いてくれる確率が上がります。

ここまでしてもまだ新規枠に余裕がある場合に初めて、看板やグーグル、ヤフーなどへのリスティング広告、インスタやフェイスブックへのSNS広告まで、新規顧客獲得の範囲を広げていきましょう。

繰り返しになりますが、**新規獲得はコスパのいい順番に行うことが鉄則**です。

これは、店舗型ビジネスをはじめとした、あらゆるビジネスで意識しておいてほしいことです。

---

①既存顧客の家族をしっかり把握して、必ず声掛けをする

②顧客満足度を上げて、口コミで新規顧客を呼んでもらう

③自分が欲しているターゲット層が多く見るところへ広告を出す（看板、ネット、ＳＮＳなど）

のように、ステップを踏んで実施してみてください。

CHECK LIST

☑ 顧客と共有したいゴールは何ですか？

☑ 顧客に提供できる「新しい価値」は何ですか？

第4章

油断は禁物！

業績が軌道に乗ってからのフォローアップ

業績が軌道に乗ってからの

失敗経験から見る成功ルール

事業が軌道に乗ってからこそ、スタッフへの気配りが重要になる

事業が軌道に乗ると、スタッフが多くなっていくのは必然です。

自分（経営者）が目をかけられる人数で営業していた時点では、問題は起きなかったはずです。しっかりと事業とスタッフ両方に気を配り、目が届くので何かトラブルや問題が起きそうになった段階で対処ができるからです。

しかし、人数が増えるとどうしてもスタッフ間の問題に目が届きにくくなります。それは仕方のないことです。一人一人に向き合う時間が少なくなるので、スタッフの不満や意見が経営者に届きにくくなるのです。

そのため、事業が軌道に乗ってからは、業績だけでなく、より一層スタッフへの気配りが大切になります。

スタッフの教育やコミュニケーション法などは第3章で説明しているので、改めて確認して実践してみてください。

他業種と交流して固定観念をくずせ

店舗経営者が陥りやすい落とし穴の一つに、「固定観念」があります。

私たちは、ある分野について理解したと思い込んでしまうと、その考えに固執してしまい、柔軟な思考が難しくなるものです。

特に、店舗経営のような専門職では、柔軟な考え方をしようと心掛けていたとしても、固定観念を持たずに働くのは、余程意識していない限り難しいかもしれません。


だからこそ、仕事だけに縛られず、**さまざまな場所に訪れて他業種の人と交流してみる**ことが重要なのです。そうすることで、新しい発見や驚くべき話に出合えるでしょう。

私はこのことを開業当初から強く意識していて、歯科医のみならず、他業種の方と積極的に情報を交換してきました。

とりわけ私にとって大きかったのは、とある経営コンサルタントとの出会いでした。

彼女は店舗経営に関してとても多様な知識を持っており、経営者にとって重要な数字なども把握しています。例えば、ポスティングを行うと得られるリターンや、DMやLINEなどを取り入れることで店舗型のビジネスで期待できる反応など、参考になる話をしてくれました。

こうした話は、「どうしたら自費の割合を増やせるか」「保険の点数を増やすにはどうしたらよいか」に終始している歯科医専門のコンサルタントからは、聞くことが難しい内容かもしれません。


現在契約しているこの経営コンサルタントは、歯科医院の経営を見るのは初めての方ですが、外壁塗装企業のクライアントを多く抱えています。外壁塗装と歯科医院は一見無関係に思えますが、彼女の話を聞いていると、外壁塗装の戦略が歯科医院にもそのまま使えると感じました。

例えば、LINEからの定期的な告知や営業手法、セールストークなどです。これらのほとんどは、業種を問わず使える手法なので、もちろん歯科医院でも使えます。具体的な手法については第5章で解説していますので、ぜひ参考にしてください。

当たり前ですが、大学の歯学部ではセールスの方法などを習いません。そのため、「そんな売り方をしたら絶対に売れない！」というような方法をしていたことに、なかなか気づけないのです。

専門的な知識を豊富に持っているがゆえに視野が狭くなってしまいがちな専門職の方こそ、常に自分の常識を疑い、特に他業種などの周りにも目を向けて、自社を見つめ直してみてください。

軌道に乗ってからの注意点②

セミナーに行っただけで満足しない

本書では繰り返し、「専門家に頼れ」「先駆者の意見を聞け」と話してきました。

しかし、高いお金を出してセミナーに行って満足……ではもちろん意味がありません。

「セミナージプシー」という言葉をご存じでしょうか？

たくさんのセミナーに行ってインプットは万全。そのため、セミナーに行った直後は「いい知識を得た！」などと、自分自身がパワーアップしたような気持ちになってしまいがちです。しかし、参加してから1週間ほどたつと、元の自分に戻っていきます。そのため変わることができた体感を得られず、結局また別のセミナーに行き、同じような感情の起伏を繰り返す……という人を指す言葉です。

結局、インプットばかりではなく、しっかりとアウトプットをしてその考えや技術を自分のものにしないと、変わることはできません。勉強しようという気持ちは素晴らしいですが、セミナーは行きすぎも注意ということです。

セミナーに行き技術を上げる努力をするのは当たり前なのですが、それが直接売り上げに関わるわけではないことを知った上で、顧客にそれがきちんとわかるようにアピールしていくべきです。

例えば、「型取りの仕方を変えた」とか、「材料を変えて質のいいものになった」「こういう技術が身についた」「こうした最新の入れ歯技術を導入している」といったように、**顧客に理解してもらえるような形でアピールした上で、その技術が受けられるようなメニューなり仕組みを作る**のであれば、ビジネスモデルとして成り立ちます。

私が例のセミナーに出た後は、わかりやすく「小児専門歯科」であることをアピールするために、医院の名前を変えました。極端な路線変更だと思いますが、名前を変えるということは顧客への一番のアピールとなります。

ビジネスモデルが変わったということを、「今まで弊社（店舗）では、こんな人に利用してもらいたいため、こんな事業をメインで扱っていました。しかし今回社名を○○にしたのを機に、扱う商品やサービスも○○に替えました」と直接顧客に話すよりも、名称変更は一目瞭然に、広く知ってもらえるのです。

私が参加したセミナーは約70万円と非常に高額でしたが、このように、かなり影響を受け極端な変更を行ったことで、すぐに結果に結びつき元を取ることができました。セミナーで教わった内容をしっかりと発信して、実際に活用できなくては、セミナーに行く意味はないのです。

ただし、セミナーは自分の知らなかった価値や世界を知るための最初の **〝きっかけ〟** になればいいので、初めから高額なセミナーに行くのはおすすめしません。自分がしっかりと実行できそうな内容のセミナーに行き、そこで**習ったことを現実に落とし込むという作業を一つひとつ着実にやっていくべき**です。

事業投資は惜しまない

事業が軌道に乗ってからも、投資の継続は必要なことです。しかし、無駄遣いと投資は別物なので、そこはきちんと区別しなくてはいけません。

事業投資は必ず「期間」を設定する

事業投資は、きちんと計算をすれば無茶な投資になることはないはずです。1億円を投資したとしても、2億円回収できるのであればどんどん実行してください。さらに、**何年スパンで続ける投資なのかきちんと計算できれば、より精度も高まる**でしょう。

投資は本来であれば数カ月で回収できるようなものがいいと思いますが、2年以内で回収できれば優秀な方だと思います。

図４　フランチャイズとは

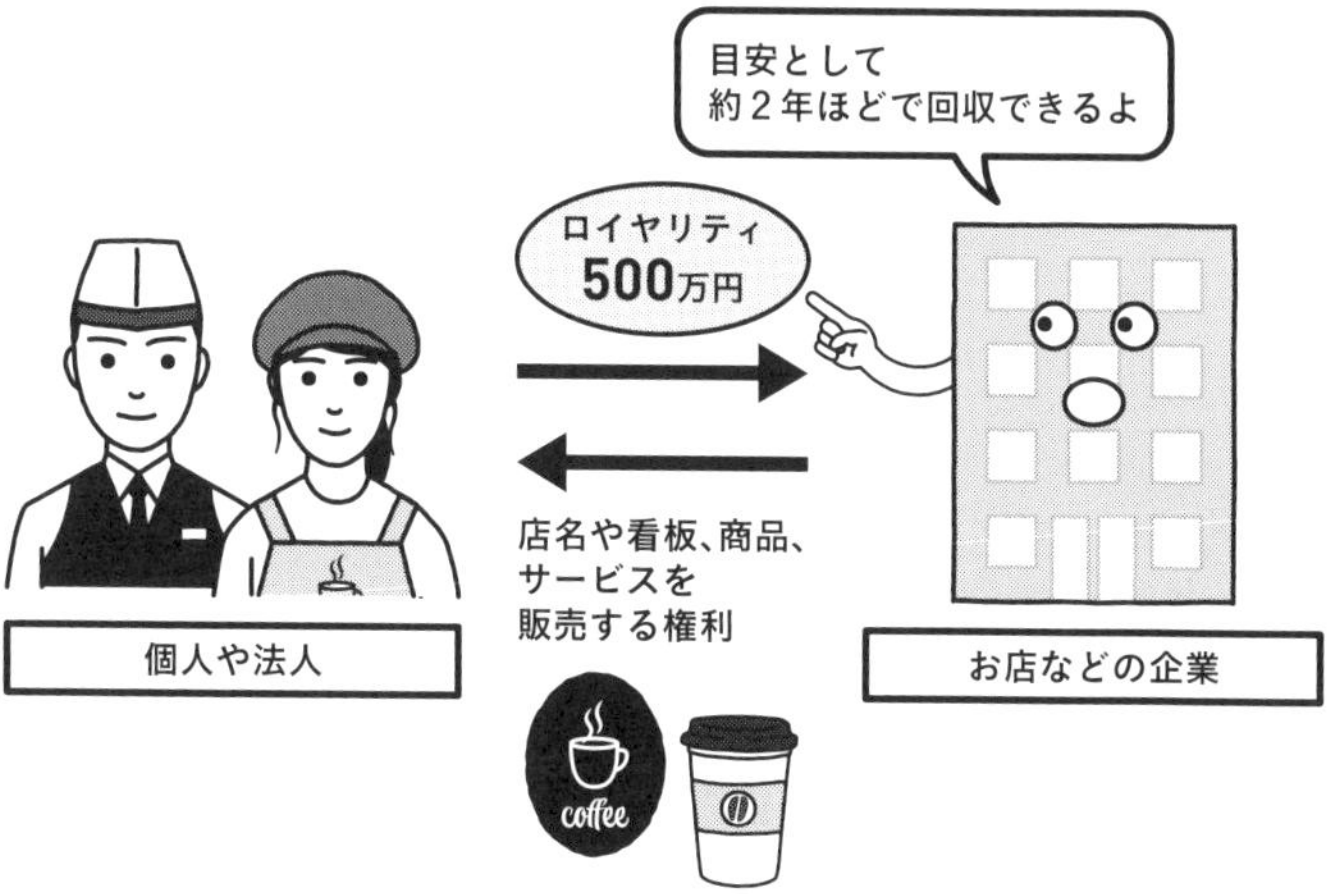

この**「投資は長くても2年」**というのは、フランチャイズショーに行ったときに聞いた数字です。皆さんもご存じだと思いますが、フランチャイズというのはビジネスモデルの一つです。

例えば、個人や法人などが初めに対価（ロイヤリティ）を支払う代わりに、お店の名前や看板、商品・サービスを販売する権利を得られるシステムです。最初に、ロイヤリティ５００万円ほど支払って権利を買い、自分で店舗を経営します。フランチャイズの場合、「これくらいの期間でロイヤリティの分を回収できますよ」と大まかな数字を出してくれます。その数字が、長くても2年以内なのです（図4）。

しかし、投資金額を回収できるのに2年間かかるということは、2年間タダ働きのようなものです。なかなか大変ですし、回収までの期間は短ければ短いほど楽なので、数カ月程度で回収できた方が投資の甲斐《かい》があります。

経営の実情や展望とあわせて検討してみてください。

実際に、私がこれまで行ってきた事業投資で一番大きいのは、医院の道を挟んだ正面の土地を購入したことです。うちの医院自体は賃貸で44坪あるのですが、これまで医院内にスタッフルームを作っていました。しかし、スタッフルームをどこか別の場所に作ることができれば、医院内のアクティビティールームを増築できると思い、その土地を買って、普通の家を建ててスタッフルームにしました。

歯並びが悪くなる原因は口呼吸、舌が正しい位置にないこと、あとは正しい飲み込み方ができていないことによります。そこを治していく「筋機能矯正」に加えて、マウスピース矯正を行うのが小児矯正です。その筋機能矯正を行うのが、アクティビティールームです。歯科助手が、口呼吸回避のためのトレーニングや舌のトレーニングを行います。

つまり、アクティビティールームの存在は、自費治療を行う上で非常に大切なのです。

スタッフルームを新しい土地に移動させられれば、今まで2人しか診ることができなかった矯正の枠が、5人に増えます。計算をしてみたところ、投資額の8000万円は2年間で回収できることがわかりました。

仮に見当違いな投資をしてしまったとしても、より患者と向き合えることになりますし、最悪土地は残ります。大金を使うのに恐れはありましたが、無駄遣いにはならない投資だと思い、思い切って購入したのです。

まず考えるべきは「投資をできる状況にあるかどうか」

投資は、早く着手すればするほど回収するのも早くなります。ただし焦ってはいけません。

先の事例のように広いところに移転するのであれば、家賃が高くなるのは必至です。今借りている店舗の現状回復をしなくてはなりませんし、新しい店舗の内装にもお金がかかります。将来設計を踏まえ、6カ月分の生活費、防衛資金を残すことは基本中の基本です。そして、無駄遣いもするべきではありませんし、リスク許容度も人によって違うと思います。投資額が大きすぎて、毎日心配で寝られないとなれば体を壊してしまうので、トータルに見て投資をするかしないかの判断をしてください。

いくらかかって何年ぐらいで回収できるのか計算した上で進めていきましょう。きちんと計画を立てて数字を取り、損益分岐点を見定める。そこを超えることができるのであれば、どんどん進めていきましょう。

また、投資をする際には、絶対に周りを困らせないということを念頭に動かなくてはなりません。例えば親戚中に借金をするとか、友達にお金を借りまくるというのは絶対にやめてください。自分のできる範囲で計算をして、プラスになるのであればやればいいし、難しいのであればきちんと投資をやめる判断をするべきです。

業績が軌道に乗って事業が拡大していけば、顧客も増えるため絶対に店舗のキャパは足りなくなります。そうなれば事業投資は必須事項となり、できるのであれば増築することでスタッフも増やせますし、もっと事業規模を拡大していくことができます。

軌道に乗ってからの注意点④

体調管理も仕事のうち

規模を拡大して投資を増やしていくと、忙しすぎて体調を壊してしまうこともあると思います。

自分一人で決断して動いていく以上、自分のキャパを知り限界を超えないように気をつける必要があります。上昇気流に乗っているときは、自分が頑張ったら頑張っただけ伸びしろがあるので、無理をして動いてしまいがちです。

しかし一度体を壊すと精神的にも負担がかかるので、なかなかリカバリーするのも大変になります。忙しい日々が続き、時間が足りないというときに限って体調を壊すので、自分の許容量を超えて動いていないか、自分自身を見てあげながら進めていきましょう。

私は1日でも眠れない日があれば、体調不良だと判断します。いろいろなことを考え始めると疲れているのに眠れなくなってしまい、早く寝ないと……というループにはまって朝が来てしまうということがよくあります。

人は眠れなくなると、もちろん精神的にも肉体的にも悪影響を及ぼします。認知機能も低下してしまうので、仕事のパフォーマンスは維持できないでしょう。そのため私は、**眠れない夜は、少し仕事をセーブして休んだ方がいいサイン**ということにしています。

自分が壊れてしまったら、通常の営業もままならなくなってしまうので、休むことを優先するようにしましょう。

CHECK LIST

☑ 行おうとしている投資は何年で回収できそうか計算してみましょう

第5章

利益が2年で倍増!

売り上げ1億円達成のためのポイント

2年で売り上げを1億円にするためのポイント①

スタッフと教育環境の整備

人件費は〝コスト〟か？

第1章や第3章でも少しお話ししましたが、私がこれまでクリニックを運営してきて痛感するのは、**売り上げ1億円を目指すためには、スタッフの採用が非常に重要**だということです。

歯科衛生士の採用は、歯科医院の売り上げに直結します。

私の医院では、歯科助手が7人いるのに対して歯科衛生士は9人働いていて、他のクリニックに比べても衛生士を多く採用しています。

当然、人件費も他のクリニックに比べるとかなり高めです。

こうお話すると、「スタッフをそんなに採用してどうするのか？」と考える方も多いかもしれません。

しかし、歯科衛生士は患者さんの口腔ケアをサポートするだけでなく、患者さんとのコミュニケーションを通じて、信頼関係を築くことができます。それが患者さんのリピートや紹介につながり、結果的に売り上げに貢献するのです。

これは歯科医院だけでなく、他の業種でも同様のことが言えるでしょう。専門職のサポートや接客に多めに人が欲しい、多めに人を入れることで業績が好転するという部分は、どの業種でも少なからずあるはずです。自社だけでなく、業界や他店舗の研究・分析を冷静にしていくと、どの部門や部署、職種にもう少し人がいれば環境がよりよくなるのかということが見えてくるはずです。

そして、いざスタッフを雇うのならば、優秀な人材を採用したいと思うのが自然でしょう。すると、採用の難易度もコストも高くなってしまいがちです。そのため、多めに人材を採用することに踏み切れない経営者も多いのですが、きちんとコツを押さえれば、特別に高い報酬を設定しなくても応募は多数きます。

重要なのは、**募集要項に役割や働く環境を具体的に記載し、魅力的な職場をアピールすること**です。また、**研修制度やキャリアアップのサポート**が充実していることをアピールすることで、やる気のあるスタッフが集まりやすくなります。

これは、全ての店舗経営において共通しています。売り上げを伸ばすためには、スタッフの適切な採用が欠かせないのです。

「うちは人件費を抑えていきたい」と考えている方は、もしかしたらそのせいで取りこぼしている売り上げがあるかもしれません。

ぜひ一度、自社のスタッフ数が適切か、見直してみてください。

評価制度は本当に必要か？

たまに、「スタッフの能力を引き上げるために、評価制度はどうしたらよいですか？」と聞かれることがあります。

結論から言うと私は、評価制度は不要だと考えています。

なぜなら、スタッフのモチベーション向上や働きがいを生む目的で評価制度を導入した結果、かえってひずみが生まれることがあるからです。

歯科クリニックを例に説明します。

歯科クリニックで働くスタッフには、患者さんの口腔ケアを行うことができる歯科衛生士と、原則、患者さんの口腔に触れる仕事をしない歯科助手がいます。

この二者では、歯科衛生士は売り上げに直結する仕事をしているため、自然と評価が高くなりがちです。

しかし、その土台となる仕事をしている歯科助手へのリスペクトも、同じくらい大切だと私は考えています。

なぜなら、歯科助手が患者さんの受付や案内、器具の準備など、日々の業務を円滑に進めるためのサポートを行っているからこそ、衛生士たちが自分たちの仕事に専念できるためです。

それにも関わらず、評価制度が不適切に運用されると、「自分が売り上げを出している」と勘違いする衛生士が生まれる場合があります。これは医院にとって最悪の状況であり、スタッフ間のチームワークが損なわれることにつながります。

そこで私は、評価制度を作るよりも、**お互いにリスペクトし合える状態を大事にするという社内環境**を提案したいのです。

まずは、**経営者がスタッフ一人ひとりの働きに目を向け、感謝の言葉を伝える**ことが重要です。また、**スタッフ同士で互いの仕事や役割を理解し合い尊重する雰囲気を作りましょう。**

そのために、定期的にミーティングを開催し、スタッフがお互いの意見や相談を共有できる場を設けることも大切です。その際、売り上げだけでなく、患者さんからのフィードバックやスタッフ同士の協力の取り組みなど、多角的な視点から評価を行いましょう。スタッフ間での競争心を和らげ、チームワークを強化することができます。

もしあなたが、評価制度の導入を考えているなら、まずはスタッフ間で自発的にお互いを評価し合える土壌作りから始めることをおすすめします。

離職を減らすチームビルディング

店舗経営をする上で絶対に忘れてはいけないことがあります。

それは、**人は何よりも大きな財産である**ということです。

スタッフが長く働くことで、安定した運営が可能になり、顧客へのサービスも向上します。

経営者の中には、たまにベテランスタッフが辞めていくと「人件費が節約できた！」と喜ぶ方もいますが、それは大きな間違いです。

スタッフの経験やスキルは、自社やサービスの価値を高める重要な要素です。スタッフが離職することによって、その**知識や経験、顧客との信頼関係など、計り知れない損失が生まれる**ことになります。

だからこそ、店舗経営では、いかにスタッフが**離職しない環境を作り出せるかが非常に重要**なのです。

また、「もっとやる気のあるスタッフが欲しい」「仕事にやりがいを感じてほしい」ということを言う経営者がいますが、その考え方も間違っています。

なぜなら、スタッフは経営者の写し鏡で、経営者の考え方や行動こそがスタッフに影響を与えているからです。

スタッフにやりがいを感じてほしい、やる気を見せてほしいと思うなら、まずは自分が背中で見せるべきです。**自分自身が率先してスタッフの意見を聞き、誰よりも熱意をもって働いていることを示していきましょう。**

給与や待遇もスタッフが長く働くために重要な要素ですが、働く環境を整えることがより重要になります。職場の雰囲気やコミュニケーションを大切にし、お互いに助け合いの精神を育てましょう。

それと同時に、スタッフの働きに対して評価や感謝の言葉を忘れずに伝えることで、スタッフのモチベーションを維持することができます。

第3章で詳しく説明しているので、今一度確認してみてください。

2年で売り上げを1億円にするためのポイント②

イベントとポスティング

ポスティングは費用対効果が最もいい集客方法

私の歯科医院では、大体3カ月に1回のペースで、矯正セミナーというものを開催しています。これまで多くの人に来てもらいました。

ホームページに告知を掲載したり、ポスティングをしたりして集客しています。こんなにSNSやITが発達している時代にポスティング？　と思われるかもしれませんが、**ポスティングは非常に費用対効果がいい集客方法**なので、知っておいて損はないと思います。

ここでは、その方法を詳しく紹介します。

図5 ポスティングのイメージ

2km圏内にポスティングし、そこから半年に1回、
反応のいい地域に絞ってポスティングをしていく

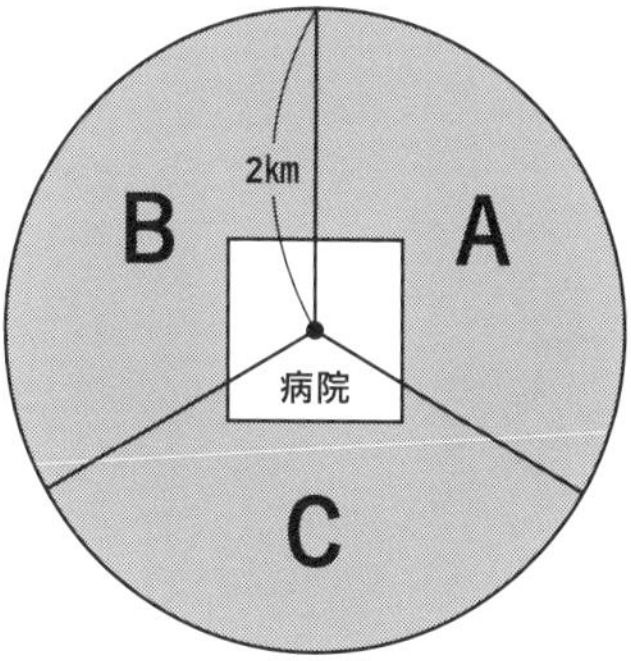

1回につき15,000枚ポスティングする（1枚3.5円）
→**ポスティング費用：6万円弱**

ポスティング戦略の例

私の歯科医院の１００m北と南に小学校が２校あるのですが、その２校には各６００人程度の生徒が在籍しています。そうすると、１学年に１００人ほどはいることになるので、毎年２００人ずつ幼稚園から小学校に進学してくる、という計算が成り立ちます。

その学区内に、一度につき大体１万５００枚ポスティングするのですが、その費用は一枚につき３・５円程度です。つまり、チラシ作成費用も含めると、一度のポスティングで費用は大体６万円弱といったところです。

配り方としては、医院に近いところから3ブロックほどに分けて、1ブロックずつ配ります。距離としては半径2㎞以内ぐらいの近場に絞り、反応がいいところを探っていきます。

少し場所が違うだけで反応が全く違うので、初めて来てくれた顧客にアンケートなどを取り、**どこの地域からどれぐらいの人が来てくれたのか、きちんと統計を取る**こともとても大切です。

反応がよくないところにチラシをまいても仕方がないので、反応のいい箇所に重点を置いてポスティングします（図5）。

こうした些細《ささい》なことも、やってみなければわからないことです。

今は戦略を変え、地域を絞ってポスティングは半年に1回ずつ。6カ月後には反応のいいA地域、また半年後には反応のいいB地域というように、年に2回ポスティングしています。

ポスティングも結果から原因の仮説を立てる

ポスティングをしてもセミナーに一人も来ないのであれば、何か問題があるということです。

そうすると、チラシをまいている地域が悪いのか、まいているチラシ自体が悪いのか、セミナーの時間帯が悪いのか……何が原因なのかを確認しなくてはなりません。

まず、どこがセンターピン（影響が大きいもの）なのか知るためにも、とにかく動いてみて、そこからまた戦略を考えればいいでしょう。チラシは何枚まいたらどれぐらいリターンがあるのか確認した上で、その数字と合っているのか、合っていないのかを見極めます。その結果、費用対効果が合わないのであれば、この方法はもう使わなければいいだけです。

マーケターなど、数字に詳しい人とつながることができるのであれば、教えてもらうのも一つの手です。とにかく、動いてみないと何もわかりません。非常に地味ではありますが、費用などを考えても、やらない理由は見つかりません。

ちなみに、ポスティング費用6万円にプラスして、当院では日曜日の午前中にセミナーを開催しているので、スタッフの手当などを含めて、合計で約15万円かかっています。しかし、このポスティングによって矯正の患者が一人でも来てくれれば、大体60万円の売り上げとなります。その時点で完全にペイできるのです。

ぜひ一度、試算してみてください。

成功するには、やるしかありません。私は、動く人だけが勝つと思っています。

2年で売り上げを1億円にするためのポイント③

成約率を上げる話し方・見せ方

成約率を上げるシナリオ展開

話し方

矯正セミナーでは、当然私が講師役を務めているのですが、そこでは**「成約率を上げるための話し方」**を意識しています。

私なりにシナリオを書いておくのですが、参考にしているのは「ジャパネットたかた」のテレビＣＭです。私は、あのＣＭが何かを売りたいときの最適解だと思っています。

しゃべりがうまいのはもちろんなのですが、例えばこびりつかないフライパンの場合は、「こんなに油汚れがこびりついて、困っちゃいますよね」と、**①消費者側の心情**を察してくるところから始まります。

主婦の方が出てきて、「こんなにゴシゴシ洗っても取れない……」と展開し、「でも、このフライパンだったら、どんな油汚れでも水を入れたらすぐ浮き上がってキレイに取れるんです！　なぜかというと、他にはない特殊な加工がされているからです」と**②技術の説明**が始まります。どうしてこの商品を作ったのか、どうしてこのフライパンをみんなに使ってほしいのかという**③思い**を全て伝えた上で、**④累計販売数**、そして最後にようやく**⑤値段**を出してきます。

さらに、値段を伝えた後、「今なら、フライパン1個分の値段で2個ついてきます！」（**⑥お得感の提供**）となれば、なんだかもう欲しくなってしまう。「30分以内にご注文いただいた方には5000円引き」（**⑦限定**）なども言われたら、「すぐに注文しないと！」と焦りさえも覚える……。

そうやって私たちは、巧みに操られているわけです。

この展開は、何を売るにも使える方法だと思いますので、自社の商品やサービスに置き換えてシナリオを作ってみるといいでしょう。

ホームページの見せ方

ちなみに、このシナリオ展開はホームページを作るときにも使えます。

どの業界でもホームページに載せる内容や順番はほぼ決まっているでしょう。まず**①何の会社、店舗なのかはっきりとわかる**ような作りである必要があります。

ただし、WEBデザイナーは、ホームページをキレイに芸術的に作りたいという気持ちが強いあまり、ビジュアル重視のホームページを作ってくれることがあります。カッコいいホームページができるのはうれしいのですが、その場合、「これ何屋さんなの？」というようなホームページが出来上がってしまう可能性もあります。

デザイナーとして優れた感性を持っている人が作ったホームページが、明確でわかりやすくて集客に向いているものかどうかというのは、残念ながらまた別の話なのです。そのため、ホームページ作成を依頼するWEBデザイナーも、税理士と同じように、**経営やマーケティングを熟知している人に依頼**した方が効果は出やすいと思います。

経営戦略にもよると思いますが、**届けたい顧客に、必要な情報を届けられるホームページを作成する**ことの方が大切だからです。

カッコいいホームページよりも、一瞬で「歯科医院です」「こども歯科です」とわかる方がいいのは当たり前です。なおかつ私は、「楽しい雰囲気の医院です」というのが伝わるようにと、デザイナーに依頼しました。親目線・親にとっての**②メリット**が目につくよう、キャッチコピーはトップに持ってきています。

そして、「こういうことで困っていませんか？」という**③問いかけ**をします。次に、「それ、実は当院で解消できるんです」**（④問いかけに対する答え・提案）**という流れに持っていき、最後に**「⑤自社が選ばれる理由」「⑥店舗側の思い」「⑦院長挨拶」**と締めくくります。

この流れは鉄板です。ホームページとはいえ、きちんとシナリオが必要なのです。

とはいえ、難しく考える必要はありません。自分が見ていて思わず行きたくなってしまう店舗のホームページを真似すればいいので、ネットサーフィンがてら探してみるといいでしょう。

2年で売り上げを1億円にするためのポイント④

単価を上げる

2年で売り上げを1億円にするためのステップとして、重要なことの一つに**「単価を上げること」**があります。

私が小児矯正を始めた当初は、矯正は30万円程度で受けていました。5年ほど経過した今は60万円に価格を変更しています。

価格が倍になっていますが、値上げは一気にではなく年に何回も実施しました。患者が順調に増えていったので、様子を見ながら、30万円、33万円、35万円……と徐々に値上げしていったのです。

利益率が上がっているのであれば、顧客の人数は減ってもいいと考えています。

例えば、「100人診て5000万円」と「50人診て5000万円」なら、「50人診て5000万円」の方が絶対に楽です。値上げしたことによって、人数が半分に減ってしまったとしても、価格が倍になるのであれば医院にはメリットになります。

粗利ベースの値段設定

ただし、値付けに悩むのであれば、最初は**相場より少し安いぐらいから始める**のがいいと思います。

どんなサービスでもそうだと思いますが、初めから100%完璧な状態で始めることができるわけではありません。特に技術的なサービスは、時間を重ねれば重ねるほど熟練されて、いいものが提供できるようになるものです。また、途中から画期的な技術が生み出されることもあります。

サービス開始当初、経験の無さに引け目を感じるのであれば、通常の相場よりも少しだけ安くして、たくさんの人に来てもらえるような値段設定にすればいいのではないでしょうか。

ある程度自信がついてきて徐々に顧客が増えてきたところで、様子を見ながら値上げしていきます。続けていくことで、ある程度見えてくる部分もあると思うので、タイミングを見て思い切って実施しましょう。

経営を考えたときには売り上げばかりを見てしまいがちですが、粗利ベースで考えていく方が現実的です。

例えば、100円の商品の利益が30円だとします。それを値上げして、130円で販売すれば、利益は60円になります。30円の値上げをしただけで、利益率が倍になりますが、商品の価格は1・3倍にしかなっていないのです。利益を倍にするには、単純に今の利益の分を上乗せした価格に設定してしまえばいいというわけです。

値上げしても顧客を離さない「差別化」という企業努力

値上げをするなんて、顧客が離れるのではないかと思い、怖くてできないかもしれません。しかし、30％価格を上げただけで利益率が倍になるならば、こんなにいいことはありません。

本書を執筆している2023年5月の時点では、いろいろな商品の物価が上がっており、パンなどの生活に密着した商品も総じて買いづらくなっている状況が続いています。しかし、考えてみてください。値上がりしたからといって、今までいつも食べていたパンを食べなくなった、買わなくなったという人はほとんどいないでしょう。つまり、人は値上がりしたとしても、必要なものにはお金を出してくれるのです。

とはいえ、「全体的に他のパンも値段が上がっているのだから仕方がなく買うだけで、一軒のパン屋だけが値上げしていたら、他の値上げしていないお店に行くんじゃない？」と思うでしょう。

そこで、多くの店舗で行っているのが、他の店舗よりも材料などの品質やグレードを上げる・量を多くするという戦略です。すると、「高いけどここのお店のパンはおいしいから・他よりも量が多いから買い続けよう」となるはずです。

つまり、他の店舗との**差別化**を図れる、顧客を離さない**企業努力**をすればいい話なのです。加えて、先の話に着地するのですが、利益率が倍であれば、お客さんが半分になっても利益は変わりません。その分、**一人の顧客に丁寧に接することができる**ので、むしろ半分になっても構わないと考えてください。

まとめると、開業したての時期は基準値よりも安い金額でスタートし、自分のスキルやビジネスの戦略を成熟させるため、顧客を多く呼ぶというところから始める。そうして、サブスク戦略を取り、既存の顧客を広げていったところで次のステップです。だいぶ勇気が必要だとは思いますが、思い切って単価を上げていくことで、夢の1億円が見えてくるでしょう。

ただし、利益率を上げることは自分で決められますが、同じく利益率に影響する**「原価」**は自分ではコントロールできません。また、**「固定費」**もなるべくシビアに見ていく必要があります。

材料費などを削りすぎて品質を下げるようなことがあってはいけませんが、避けられる値上げはできるだけ回避できるような工夫も必要です。

☑ セールストークを組み立ててみましょう

1. 提供しているサービスは顧客のどんな困り事を解決できますか？「こんなことでお困りですよね？」と問いかけるように書いてみましょう

2. 上記問題は、具体的にどのような技術・サービスで解決できますか？　その方法を書いてみましょう

3. なぜその技術やサービスが優れているのか書いてみましょう

CHECK LIST

☑ ターゲットに届くホームページ用の「キャッチコピー」を書いてみましょう

おわりに

最後まで読んでいただき、ありがとうございます。

いかがでしたか？　開業と店舗経営を成功させるための「戦略」が、本書を通じて見つかったならうれしく思います。


本書では、集客からチームビルディングまで多くのことを紹介しましたが、まずは何よりも、**「小さく始めてみる」**ことを大切にしてください。

完璧や安定を求めすぎず、まずは走り出していきましょう。

ビジネスは「リスクを取って行動できる人」の味方

開業や経営を始める際には、実践的なスキルだけでなく、人間関係やマーケティング、経営戦略など、さまざまな要素が絡み合います。しかし、その全てを一度にマスターするのは難しく、試行錯誤を繰り返しながら学び続けることになります。

その過程で、手痛い失敗をすることもあるでしょう。

当然ですが、ビジネスにおいて「100％成功する方法」はありません。

だからこそ、多くの人は失敗したときのリスクや不安に押しつぶされてしまい、行動ができずにいるのです。言い換えると、**リスクや不安、「失敗したらどうしよう……」という恐怖にうまく対応できればできるほど、ビジネスの勝率は上がっていきます。**むしろ失敗を通して学ぶことで、よりよいビジネスをつくり上げられるのです。そのためにも、失敗を経験と捉え、前向きな姿勢で取り組むことを大切にしてください。

ビジネスは常に、「リスクを取って行動できる人」の味方です。

私はこれまで、歯科医のみならず店舗ビジネスを営む多くの方と交流してきましたが、本当に優れた商品や技術を持っているにもかかわらず、顧客に届けることができていない方が少なくありませんでした。技術は超一級、接客だって文句なし。それなのに、ほんの少しの行動ができていないだけで、そのサービスを必要としている人に出会うことができずにいるのです。

そんな状況を打ち破るのは、新たなノウハウでも、優れたコンサルタントでもありません。

繰り返しになりますが、まずは行動すること。

行動の最中《さなか》、人は不安や恐怖から解放されます。不安を感じるのは、最初の瞬間だけです。その恐怖に負けずに、ぜひ一歩を踏み出してほしいと思います。

「自分のお店を持つ」という決断をしたあなたは、きっと本来強い意志と行動力を持っているはずです。そして、顧客の人生にいい影響を与える力も、あなたにはすでに十分備わっています。

だからこそ、本書で学んだことをぜひ実践してください。**「学んで実践しないのであれば、学ばなかったことと同じ」**なのです。

あなたが本書を通じて得た知識や実践によって、開業や経営の成功を実現し、多くの顧客に喜びや感動を与えられるビジネスをつくり上げることを願っています。

その道のりにおいて、どんな困難にも立ち向かい、前進し続けることが、最後に成功へとたどり着く力となるはずです。

本書がその手引きとなることを、心より願っています。

最後になりましたが、いつも私を支えてくれる家族とクリニックのスタッフ、そして何より、本書を最後まで読んでくださったあなたにお礼を申し上げます。

本書を通じて、少しでもあなたが「今なら踏み出しても大丈夫」という確信を持ち、行動のきっかけにしていただけたらうれしいです。

２０２３年５月吉日

横山元

横山 元（よこやま・げん）

よこやまこども歯科 院長

差別化が難しく、競争が激しい歯科クリニック経営において、売上２億円を達成。経営スタイルとしては、小児治療、とりわけ小児矯正を積極的に取り入れることで売上を伸ばしている。ニッチな市場に特化し、その分野で地域 No.1 を目指す戦略は、歯科クリニックだけでなく、あらゆる店舗経営に通じる部分があり、他業種からアドバイスを求められることも多い。歯科クリニックコンサルタントとしての顔も有しており、売上アップのみならず、数年先を見据えた経営計画の立脚にも携わる。また、大手歯科メディアや医療用品メーカーとのコラボレーションも積極的に展開。とりわけ経営テクニックや小児治療の臨床技術、スタッフ教育に関するセミナーは、「わかりやすく、誰でも実践できる」と好評である。現在、平日は診療やセミナー、休日は趣味の旅行やダイビングを楽しむ生活をしている。

EYE LOVE EYE

視覚障害その他の理由で活字のままでこの本を利用出来ない人のために、営利を目的とする場合を除き「録音図書」「点字図書」「拡大図書」等の製作をすることを認めます。その際は著作権者、または、出版社までご連絡ください。

売上１億円を最速で達成した経営者が教える

店舗経営の教科書

2023年６月20日　初版発行

著　者　横山元
発行者　野村直克
発行所　総合法令出版株式会社
〒103-0001 東京都中央区日本橋小伝馬町 15-18
EDGE 小伝馬町ビル９階
電話　03-5623-5121
印刷・製本　中央精版印刷株式会社

落丁・乱丁本はお取替えいたします。

©Gen Yokoyama 2023 Printed in Japan

ISBN 978-4-86280-905-6
総合法令出版ホームページ　http://www.horei.com/